APRENDO COM JOGOS

Conexões e Educação Matemática – v. 5

GRUPO DE ESTUDO E PESQUISA EM JOGOS (GEP-J)
Carolina Innocente Rodrigues
Luciana Aparecida Ferrarezi
Raquel Araium
Ruy Madsen Barbosa (Coordenador)

APRENDO COM JOGOS

Conexões e Educação Matemática – v. 5

Série
O professor de matemática em ação

autêntica

Copyright © 2014 Os autores
Copyright © 2014 Autêntica Editora

Todos os direitos reservados pela Autêntica Editora. Nenhuma parte desta publicação poderá ser reproduzida, seja por meios mecânicos, eletrônicos, seja via cópia xerográfica, sem a autorização prévia da Editora.

EDITORA RESPONSÁVEL
Rejane Dias

REVISÃO
Aline Sobreira
Cecília Martins

CAPA
Alberto Bittencourt

DIAGRAMAÇÃO
Danilo Jorge da Silva

Dados Internacionais de Catalogação na Publicação (CIP)
(Câmara Brasileira do Livro, SP, Brasil)

Rodrigues, Carolina Innocente
  Aprendo com jogos – Conexões e Educação Matemática / Carolina Innocente Rodrigues, Luciana Aparecida Ferrarezi, Raquel Araium ; Ruy Madsen Barbosa (coordenador). -- Belo Horizonte : Autêntica Editora, 2014. -- (O professor de matemática em ação ; v. 5)

  Bibliografia.
  ISBN 978-85-8217-399-2

  1. Jogos educativos 2. Lógica simbólica e matemática 3. Matemática (Atividades e exercícios) 4. Raciocínio I. Ferrarezi, Luciana Aparecida. II. Araium, Raquel. III. Barbosa, Ruy Madsen. IV. Título. V. Série.

14-02510   CDD-510.7

Índices para catálogo sistemático:
1. Educação matemática 510.7

Belo Horizonte
Rua Aimorés, 981, 8º andar . Funcionários
30140-071 . Belo Horizonte . MG
Tel.: (55 31) 3214-5700

Televendas: 0800 283 13 22
www.grupoautentica.com.br

São Paulo
Av. Paulista, 2.073, Conjunto Nacional,
Horsa I . 23º andar, Conj. 2301 .
Cerqueira César . 01311-940 . São Paulo . SP
Tel.: (55 11) 3034-4468

SUMÁRIO

APRESENTAÇÃO	**7**
PRIMEIRA PARTE	**11**
Capítulo 1:	13
Ludo das tampinhas	15
Memória geométrica	19
Multiplicação egípcia	23
Quarteto Super Trunfo	27
Que número falta?	31
Capítulo 2:	35
Frações	37
Calculadora de produto	39
Calculadora de potência	41
Três em linha com novos diagramas	43
Ternas triangulares	47
Capítulo 3:	53
Bola na lata	55
Caça-produto	59
Número secreto	63
Quatrilho: jogo da tabuada de multiplicar	69
Tabuada da velha	73
Capítulo 4:	77
Procurando o dividendo	79
Jogos de balança	85
Jogos de soma mágica	91
Jogos de conexão com sabor topológico	99
Dominação não transitiva	107
Diagramas bicromáticos com triângulos monocromáticos	115
SEGUNDA PARTE	**121**
Capítulo 5:	123
Novos olhares sobre nomes curiosos	125

Capítulo 6:	131
Procurando números primos	133
Falando primo	137
Primos gêmeos	141
Números perfeitos: deficientes e abundantes	149
Números amigáveis	153
Primos entre si	159
Números felizes	165
QUEM SOMOS	**173**

APRESENTAÇÃO

O Grupo de Estudo e Pesquisa em Jogos (GEP-J) traz uma coletânea de jogos criados ou adaptados com a finalidade de propiciar a professores e estudantes atividades lúdicas que, uma vez jogadas e problematizadas, permitem trabalhos com ideias e aspectos do conhecimento matemático.

Antes de apresentar essa coletânea, é importante tecer algumas considerações sobre a presença dos jogos em sala de aula.

De início, devemos afirmar que jogar e brincar (imaginar, distrair-se) são atividades muito sérias e necessárias ao pleno desenvolvimento social, cultural e emocional de crianças, jovens e adultos. Quem inventa um jogo expressa concepções, por exemplo, sobre o mundo, a sociedade e a educação.

Por outro lado, os jogos pressupõem regras. As regras possuem duas características básicas: suficiência e consistência. Suficiência quer dizer tudo aquilo que o jogo permite que o jogador faça, e consistência significa que as regras não podem ser contraditórias. Se estendermos isso para o conhecimento científico, verificaremos que os modelos que tentam interpretar os fenômenos da realidade também possuem essas características. As definições, as propriedades e os procedimentos, em um determinado campo do saber, necessitam de suficiência e de consistência tanto em seu discurso científico quanto em sua conformidade com a experiência. Assim, ao jogar, os estudantes podem se preparar para a vivência das características essenciais da atividade científica.

A utilização de jogos é uma promissora metodologia de ensino para a Matemática, pois procura resgatar do lúdico noções, princípios e procedimentos matemáticos. O jogo, entendido como resolução de problemas, pode motivar e desafiar crianças, jovens e adultos e envolvê-los significativamente nas atividades, e, nesse sentido, os jogadores podem elaborar, investigar ou adquirir conteúdos matemáticos.

No entanto, cabe ressaltar que, no trabalho docente com a utilização de um determinado jogo, em um primeiro momento, o conteúdo de ensino é o próprio jogo, ou seja, as atividades do jogo devem prevalecer, mesmo que em algumas situações conceitos e princípios matemáticos sejam utilizados. Em um segundo momento, por meio de problematizações propostas a partir das atividades do jogo, o professor poderá relacioná-lo com assuntos da Matemática.

Em outras palavras, talvez não devessem existir jogos associados explicitamente a certos conteúdos matemáticos, mas sim jogos que, por meio de problematizações de suas atividades, permitissem ao professor trabalhar conceitos e princípios matemáticos.

Assim, preocupações como "Para que conteúdo matemático serve esse jogo?" ou "Para que faixa etária esse jogo é indicado?" devem ser relativizadas. Podemos inventar um jogo que envolva dois dados e utilizá-lo tanto para um trabalho com as operações fundamentais como também para uma atividade relacionada a probabilidade.

Vale ressaltar que quem for utilizar o jogo em sala de aula deve tê-lo jogado bastante, pois assim poderá participar, intervir e vivenciar as atividades e as situações.

Além disso, em muitas oportunidades, será necessário voltar ao jogo para analisar e discutir as estratégias utilizadas, assim como os conhecimentos matemáticos envolvidos.

Outra preocupação com os jogos é que eles levam à competição. Mesmo que isso constituísse um problema, se os competidores fossem formados por duplas, a derrota seria suavizada. Mas, e no dia a dia, só ganhamos? Quem sabe os jogos não poderiam preparar, principalmente, as crianças para ganhar, assim como para perder?

Este livro está organizado em duas partes, contendo, ao todo, seis capítulos. Nos quatro capítulos da primeira parte, são apresentados jogos confeccionados ou adaptados por cada um dos integrantes do GEP-J. Nos dois capítulos da segunda parte, são abordadas releituras de aspectos e jogos que envolvem números nomeados por palavras ou expressões curiosas.

No primeiro capítulo, Carolina Innocente Rodrigues desenvolveu ou aperfeiçoou jogos que estão relacionados a fatos fundamentais da Aritmética, propriedades de figuras geométricas, ideias de uma pré-álgebra e progressões aritmética e geométrica.

No segundo capítulo, Luciana Aparecida Ferrarezi criou ou modificou jogos para trabalhar ideias e aspectos matemáticos que envolvem frações, estimativa, potenciação e elementos dos triângulos.

No terceiro capítulo, Raquel Araium construiu ou adaptou jogos em que os professores podem trabalhar as operações fundamentais e a potenciação, assim como as divisibilidades e os intervalos numéricos. O desenvolvimento da coordenação motora também é uma proposta de um de seus jogos.

No quarto capítulo, Ruy Madsen Barbosa elaborou ou alterou jogos em que as propriedades de divisão, uma pré-álgebra, a construção de polígonos e a transitividade são conteúdos matemáticos que podem ser explorados por estudantes e professores.

No quinto capítulo, são discutidas algumas características presentes em números que recebem nomes curiosos, como milhões, laterais, dedos, figurados, triangulares, quadrados, pentagonais, oblongos, nupciais, primos, perfeitos, amigáveis e felizes.

No sexto capítulo, o GEP-J, utilizando-se dos números estudados no capítulo anterior, confeccionou ou aprimorou jogos em que se podem trabalhar as operações fundamentais e a potenciação, bem como discutir e analisar as particularidades desses mesmos números, em especial os números primos, os primos gêmeos, os primos entre si, os perfeitos, os amigáveis e os felizes.

A Educação Matemática em sala de aula deveria ser criativa e envolver significativamente os estudantes na busca por soluções para problemas ou desafios, por meio de ideias e procedimentos contidos nos mais variados conteúdos matemáticos. Estimular e desenvolver capacidades, valorizar atitudes que extrapolem o âmbito da Matemática e, também, mostrar essa ciência como uma atividade da mente humana cuja essência é a busca de padrões e ordem. Essa perspectiva para a Educação Matemática é um dever e um dos grandes desafios apresentados aos professores que ensinam Matemática na educação básica.

Nesse sentido, pensamos que o GEP-J traz um excelente material, em que as características de uma efetiva prática pedagógica com a Matemática estão contempladas.

Portanto, vamos jogar, pensar e aprender.

Bons jogos!

Prof. Dr. Mauro Carlos Romanatto
Docente da FCL-Unesp/Araraquara

PRIMEIRA PARTE

O Grupo de Estudo e Pesquisa em Jogos (GEP-J) decidiu apresentar diretamente os jogos nesta pequena obra, fornecendo, já em sua Primeira Parte, o total de 21 jogos de regras distribuídos em seus quatro capítulos.

Tal escolha nos conduziu automaticamente a colocar à disposição do professor ou licenciando, em cada jogo, suas regras e ilustrações, um pouco da matemática subjacente, variantes e, se possível, algo de sua gênese, como alguma indicação ou uma simples referência bibliográfica.

Quanto aos aspectos educacionais teórico-práticos, preferimos lembrar ao prezado leitor que existem boas obras, e de autores brasileiros! Permitimo-nos citar apenas três:

GRANDO, R. C. *O Jogo e a Matemática no contexto da sala de aula*. São Paulo: Paulus, 2004.

OLIVEIRA, V. B. *Jogos de regras e a resolução de problemas*. Rio de Janeiro: Vozes, 2004.

SMOLE, K. S. *et al*. *Cadernos do Mathema: jogos de matemática*. Porto Alegre: Artimed, 2007-2008. v. 2-3.

CAPÍTULO 1

Carolina Innocente Rodrigues

LUDO DAS TAMPINHAS

MEMÓRIA GEOMÉTRICA

MULTIPLICAÇÃO EGÍPCIA

QUARTETO SUPER TRUNFO

QUE NÚMERO FALTA?

LUDO DAS TAMPINHAS

A – JOGO PRINCIPAL

Jogadores: Dois a quatro
Material:

    a) Dois dados usuais;
    b) 12 cartas-objetivos distintas;
    c) 80 tampinhas de garrafa tipo PET;
    d) Quatro potes para armazenar as tampinhas (pote-reservatório);
    e) Tabuleiro.

Sugestão: as cartas e o tabuleiro podem ser confeccionados de papel-cartão, cartolina ou papelão com medidas de 4 cm de largura × 4,5 cm de altura e 50 cm de largura × 50 cm de altura, respectivamente.

A.1. – REGRAS

A.1.1 – Regras de Preparação

RP1 – Cada jogador escolhe qual cor irá representar;

RP2 – Embaralham-se as cartas-objetivos;

RP3 – Cada jogador retira uma carta-objetivo;

> **Nota:** Nesta carta-objetivo estará escrita a quantidade total de tampinhas que o jogador deve levar ao seu pote-reservatório durante o jogo.

RP4 – O jogo será desenvolvido alternadamente pelos jogadores;

RP5 – Cada jogador poderá transportar até três tampinhas por vez para seu pote-reservatório.

A.1.2 – Regras de Desenvolvimento

RD1 – Decide-se qual jogador começará (por algum procedimento usual);

RD2 – Esse jogador lança os dois dados, e os jogadores devem somar os números dos dados para poder avançar as casas do tabuleiro;

RD3 – O caminho que o jogador deve percorrer é:
    a) Caminho de casas brancas em volta de todo o tabuleiro;
    b) Caminho com sua cor correspondente até o pote-reservatório;

RD4 – Se a casa na qual o jogador deverá parar tiver alguma ordem, ele deverá obedecê-la na mesma jogada.

A.1.3 – Regra do Objetivo

RO – O jogador que primeiro conseguir levar a quantidade de tampinhas de sua carta-objetivo para o pote-reservatório será o vencedor.

A.2 – MODELO DE TABULEIRO

Nota 1: O tabuleiro é igual ao do jogo Ludo tradicional, mas deve ser confeccionado em tamanho maior, para que as crianças tenham espaço para deslocar as tampinhas e colocar os potes-reservatórios nos triângulos coloridos.

Nota 2: Ordens como "Avance duas casas", "Volte três casas" e "Fique uma rodada sem jogar" espalhadas pelo tabuleiro nas casas brancas podem ser dispostas como o leitor preferir.

A.3 – MODELO DAS CARTAS-OBJETIVOS

10 TAMPINHAS	11 TAMPINHAS	12 TAMPINHAS	13 TAMPINHAS	14 TAMPINHAS	15 TAMPINHAS
16 TAMPINHAS	17 TAMPINHAS	18 TAMPINHAS	19 TAMPINHAS	20 TAMPINHAS	21 TAMPINHAS

B – MATEMÁTICA SUBJACENTE

Nesse jogo, trabalhamos com contagem, correspondência um a um (por exemplo, números dos dados com quantidade de casas do tabuleiro) e relação social.

O contato com a matemática deve dar-se desde as séries iniciais. Esse jogo possibilita a contagem oral e mental e o estabelecimento de relações número-quantidade.

C – GÊNESE

É evidente que esse jogo, exceto pelas cartas-objetivos, não é inédito, principalmente pelas Regras de Preparação. Com a simplicidade desse jogo, procuramos reunir saberes matemáticos necessários para trabalhar com crianças nas séries iniciais.

D – VARIANTES

As variantes podem ser:

Variante 1

Nas cartas-objetivos, os objetivos podem variar de acordo com o nível de aprendizagem dos alunos. Contudo, é interessante acrescentar objetivos com números de tampinhas diferentes, inclusive para crianças que não tiveram contato com a Matemática Escolar.

Variante 2

RP5* – Segue-se a RP5 do jogo principal, mas pode-se alterar a quantidade máxima de tampinhas a ser levada por jogada.

E – REFERÊNCIA

BRASIL. Secretaria de Educação Fundamental. *Parâmetros Curriculares Nacionais: Matemática*. Brasília: MEC; SEF, 1998.

*

MEMÓRIA GEOMÉTRICA

A – JOGO PRINCIPAL

Jogadores: Dois ou três

Material: Pares de cartas (mínimo de nove pares) com figuras geométricas e suas respectivas quantidades de lados

> **Nota:** As figuras geométricas devem ser coloridas e podem ser substituídas por outras.

A.1 – REGRAS

A.1.1 – Regras de Preparação

RP1 – Todas as cartas são embaralhadas, e seus conteúdos devem estar virados para baixo;

RP2 – Decide-se, por algum processo usual, qual jogador começará;

RP3 – Os jogadores devem jogar alternadamente.

A.1.2 – Regras de Desenvolvimento

RD1 – O jogador escolhe duas cartas e as vira para cima; se formar um par composto de figura geométrica e sua respectiva classificação de acordo com a quantidade de lados, marcará um ponto e passará a vez;

RD2 – Caso o jogador vire para cima duas figuras geométricas, duas classificações ou uma figura com uma classificação incorreta, deve virá-las novamente para baixo e passar a vez.

A.1.3 – Regra do Objetivo

RO – Ganha quem obtiver mais pontos (mais pares formados corretamente).

> **Nota:** Esse jogo pode ser aplicado para crianças em processo de alfabetização (primeiro ano do ensino fundamental).

Observações úteis

É importante que os jogadores tenham liberdade de acompanhar os lados da figura com os dedos, num processo de contagem e posterior correspondência figura-quantidade de lados;

É importante também que leiam em voz alta suas cartas, para que aprendam a ler e a ouvir.

Antes de iniciar o jogo, é preciso combinar o que é lado, para que no círculo não haja confusões com lado externo ou interno.

A.2 – MODELO DAS CARTAS

4 QUATRO LADOS IGUAIS	12 DOZE LADOS	3 TRÊS LADOS IGUAIS	5 CINCO LADOS	10 DEZ LADOS
8 OITO LADOS	6 SEIS LADOS IGUAIS	4 QUATRO LADOS		

B –MATEMÁTICA SUBJACENTE

Nesse jogo, trabalhamos com figuras geométricas, classificação por quantidade de lados, contagem, sentidos e nuanças.

O contato com a matemática deve dar-se desde os anos inicias. Esse jogo tem vantagens análogas ao jogo Ludo das Tampinhas e também contribui para estimular a memória visual.

A exploração de conceitos e procedimentos relativos a espaço e forma é que possibilita ao aluno a construção de relações para a compreensão do espaço a sua volta.

C – GÊNESE

É evidente que esse jogo não é inédito, principalmente pelas Regras de Preparação. Sua simplicidade procurou reunir saberes matemáticos necessários para trabalhar com crianças nos anos iniciais.

D – VARIANTES

As variações podem ocorrer de duas maneiras: nas formas geométricas (regulares ou irregulares) e no tipo de classificação.

Variante 1

Nas cartas, desenhe contornos de outras formas que fazem parte do cotidiano, por exemplo: contorno de casa, televisão, lousa, mesa, cadeira, etc.

Variante 2

RD1* – O jogador escolhe duas cartas e as vira para cima. Se formar um par composto de figura geométrica e sua respectiva classificação de acordo com a quantidade de vértices, marcará um ponto e passará a vez.

E – REFERÊNCIA

BRASIL. Secretaria de Educação Fundamental. *Parâmetros Curriculares Nacionais: Matemática*. Brasília: MEC; SEF, 1998.

*

MULTIPLICAÇÃO EGÍPCIA

A – JOGO PRINCIPAL

Jogadores: Dois ou mais
Material:
a) Fichas com diversas multiplicações a serem efetuadas;
b) Sacola para sortear as fichas;
c) Papel e lápis.

A.1 – REGRAS

A.1.1 – Regras de Preparação

RP1 – Todas as fichas devem ser colocadas na sacola;

RP2 – Um dos jogadores deve sortear uma ficha qualquer;

RP3 – Todos os jogadores devem efetuar a multiplicação sorteada;

RP4 – Antes de iniciar o jogo, o método deve ser explicado detalhadamente.

A.1.2 – Regras de Desenvolvimento

RD1 – Após o sorteio da ficha, cada jogador deve anotar a multiplicação nela indicada e efetuar o método egípcio em seu papel;

RD2 – As pontuações para cada rodada são: três pontos para o primeiro jogador que efetuar o método corretamente e dois pontos para os outros jogadores que realizarem corretamente a multiplicação sorteada;

RD3 – Para conferir o resultado, a resolução deve ser feita em voz alta com a participação de todos os jogadores.

A.1.3 – Regra do Objetivo

RO – Ganha quem obtiver mais pontos ao final de cinco rodadas.

B – CONHECENDO O MÉTODO DE MULTIPLICAÇÃO EGÍPCIA

1. Escrevemos duas colunas de números; a da esquerda deve ter, no topo, sempre o número 1, e a da direita, um dos fatores multiplicativos escritos na ficha sorteada;

2. Então, escrevemos as duplicações na coluna da esquerda, sem que se ultrapasse o fator multiplicativo que está no topo da coluna da direita;

3. Na coluna da direita, escrevemos as respectivas duplicações;

4. Devemos observar, na coluna da esquerda, quais números que, somados, obtêm o fator multiplicativo não escolhido para o topo da coluna da direita e anotá-los no papel;

5. Verificamos quais números da coluna da direita correspondem aos da coluna da esquerda e também efetuamos a soma deles;

6. O resultado dessa soma é o resultado da multiplicação sorteada.

Vejamos um exemplo:

Temos que a ficha sorteada é a multiplicação: 21×43. Seguindo o método da multiplicação egípcia, as colunas devem ser escritas no papel desta forma, caso a escolha do fator multiplicativo tenha sido 21.

1	21
2	42
4	84
8	168
16	336
32	672

✓ $1 + 2 + 8 + 32 = 43$
✓ $21 + 42 + 168 + 672 = 903$

Nota: Na coluna da esquerda, estão em negrito os números que, somados, têm resultado igual a 43. Na coluna da direita, estão destacados seus correspondentes.

Se o fator multiplicativo escolhido para o topo da coluna da direita fosse 43, as colunas estariam preenchidas desta forma:

1	43
2	86
4	172
8	344
16	688

✓ $1 + 4 + 16 = 21$
✓ $43 + 172 + 688 = 903$

Nota: Na coluna da esquerda, estão em negrito os números que, somados, têm resultado igual a 21. Na coluna da direita, estão destacados seus correspondentes.

Logo, $21 \times 43 = 903$

B.1 – SUGESTÃO DE FICHAS

12×27	37×8	5×25
21×43	14×22	8×47
36×7	13×9	11×11
49×5	81×3	62×3
6×17	78×4	9×23

C – MATEMÁTICA SUBJACENTE

Na multiplicação, os egípcios deixaram clara a importância das potências de 2, quando decompõem um dos fatores na soma de potências de 2.

Esse fato decorre do sistema de numeração usado, pois multiplicar por 2 era simples, bastava duplicarem todos os símbolos.

Lembremos, preliminarmente, que as potências de 2 são: $2^0 = 1$, $2^1 = 2$, $2^2 = 4$, $2^3 = 8$, $2^4 = 16$, $2^5 = 32$, $2^6 = 64$, $2^7 = 128$, e assim sucessivamente.

Vamos esclarecer demonstrando que o procedimento de multiplicação egípcia fornecia produtos corretos.

Seja uma multiplicação qualquer, por exemplo: **29×47**.

Decomposição do fator 29: uma vez que $16 < 29 < 32$, então a maior potência de 2 contida em 29 é $16 = 2^4$, portanto, $29 = 2^4 + 13$. Analogamente, a maior potência de 2 contida em 13 é $8 = 2^3$, portanto $29 = 2^4 + 2^3 + 5$. Sucessivamente, temos $29 = 2^4 + 2^3 + 2^2 + 1 = 2^4 + 2^3 + 2^2 + 2^0$.

A multiplicação egípcia seria (claro, com símbolos egípcios):

1	29
2	58
4	116
8	132
16	264
32	528

1	47
2	94
4	188
8	376
16	752

✓ $1 + 4 + 8 + 16 = 29$
✓ $47 + 188 + 376 + 752 = 1363$

✓ $1 + 2 + 4 + 8 + 32 = 47$
✓ $29 + 58 + 116 + 132 + 528 = 1363$

D – GÊNESE

Nesse jogo, a história da matemática se faz presente com a multiplicação egípcia. Não sabemos ao certo quando a descoberta desse método ocorreu; o que sabemos é que historiadores encontraram, em diversos papiros, cálculos que sempre utilizavam adição. Com o sistema de numeração egípcio, era possível efetuar todos os cálculos que envolviam números inteiros. Para isso, empregavam uma técnica especial: todas as operações matemáticas eram efetuadas por meio de adição, como podemos observar na descrição do método.

E – REFERÊNCIAS

BUNDT, L. N. H.; JONES, P. S.; BEDIENT, J. D. *The History Roots of Elementary Mathematics*. New York: Dover, 1976.

COOKE, R. *The History of Mathematics*. New York: Wiley, 1997.

IFRAH, G. *História universal dos algarismos*. Rio de Janeiro: Nova Fronteira, 1997. v. 1.

LORIA, G. *Storia delle Matematiche: dall'alba della civiltá al tramonto del secolo XIX*. Milano: Hoepli, 1950.

REIS, C. D.; MIRANDA, H. S.; JACOBSEN, S. *A história da Matemática no Egito*. Vitória: UFES, 2005.

*

QUARTETO SUPER TRUNFO

A – JOGO PRINCIPAL

Jogadores: Quatro ou seis

Material: 48 cartas com operações, números, palavras e sequências

Sugestão: as cartas podem ser confeccionadas de papel-cartão, cartolina ou papelão com medidas de 4 cm de largura por 5 cm de altura.

> **Nota:** o conteúdo das cartas pode ser substituído ou cada grupo pode ter um conjunto de cartas com conteúdos distintos.

A.1 – REGRAS

A.1.1 – Regras de Preparação

RP1 – Todas as cartas são distribuídas igualmente aos jogadores;

RP2 – Decide-se qual jogador começará (por algum processo usual).

A.1.2 – Regras de Desenvolvimento

RD.1 – O primeiro jogador começa pedindo uma carta a qualquer um dos outros jogadores, a fim de compor uma "família" completa com quatro cartas, ou seja, cartas do mesmo tipo: família de cores, cidades, estados, países, letras gregas, números fracionários, decimais, sequência de números ímpares e operações indicadas, como adição, subtração, multiplicação e divisão;

RD2 – Se o jogador escolhido tiver a carta, é obrigado a entregá-la. Enquanto o solicitante receber as cartas, pode continuar pedindo;

RD3 – Se o solicitante receber como resposta "não tenho a carta", passa a vez para o jogador para quem pediu as cartas;

> **Nota:** é conveniente que sejam nomeados alunos como fiscais para que a RP2 seja cumprida corretamente. Para que todos possam participar do jogo, os fiscais podem se revezar com os que estão jogando.

RD4 – Ao completar uma família, o jogador deve abaixá-la na mesa.

A.1.3 – Regra do Objetivo

RO – O jogador que formar o maior número de famílias é o vencedor.

Observação útil: após muitas disputas, é conveniente trocar o conjunto de cartas entre os grupos.

> **Nota:** a vitória independe de o jogador ter abaixado todas as cartas. O jogo só acaba quando todos tiverem abaixado suas famílias completas.

A.2 – MODELO DAS CARTAS

Os conjuntos de cartas sugeridos a seguir contêm as respectivas famílias: cores, países, cidades, estados, frações, números primos (sequência), decimais, letras gregas, adição, subtração, multiplicação e divisão.

AZUL	VERDE	ROSA	PRETO	ITÁLIA	CHINA	BRASIL	ETIÓPIA
PARIS	ROMA	TÓQUIO	SIDNEY	BAHIA	PIAUÍ	GOIÁS	PARANÁ
$\dfrac{2}{3}$	$\dfrac{1}{4}$	$\dfrac{3}{5}$	$\dfrac{9}{8}$	9, 11, 13	15, 17, 19	21, 23, 25	27, 29, 31
0,5	0,28	1,593	0,0001	α	β	γ	δ
$1 + 2$	$2 + 4$	$13 + 5$	$32 + 54$	$132 - 7$	$14 - 6$	$22 - 9$	$8 - 2$
7×8	9×6	4×3	5×0	$18 \div 3$	$52 \div 13$	$100 \div 10$	$81 \div 9$

B – GÊNESE

Esse jogo tem como base o Quarteto Super Trunfo, desenvolvido para meu Trabalho de Conclusão de Curso.

Nesse jogo, procuramos evidenciar a generalização e a percepção de sequências e padrões. Tais classificações estão presentes na pré-álgebra. Segundo Post, Behr e Lesh (1995), muitas vezes a álgebra é definida como a aritmética generalizada. Os alunos devem perceber as conexões entre as equações abstratas da álgebra e o mundo real da aritmética. Assim, a introdução à álgebra (pré-álgebra) deve basear-se na noção de que as variáveis podem ser manipuladas de uma maneira que corresponda exatamente a muitos aspectos do mundo real. Os *Parâmetros Curriculares Nacionais* (PCNs) partem do seguinte pressuposto: para que o estudante possa entender a álgebra simbólica, faz-se necessário que os professores considerem, nas séries iniciais, a "pré-álgebra".

C – VARIANTES

O foco para jogos semelhantes é a grande diversidade de tipos de família: símbolos, valores numéricos, letras, conjuntos numéricos, resultados e suas respectivas operações, sequências numéricas, times de futebol, títulos (música, filme, carro, desenhos...), frutas, etc.

Observação útil: quanto maior for a diversidade de famílias, melhor o professor poderá verificar se os alunos conseguem identificar a qual família pertence determinada carta.

D – REFERÊNCIAS

BRASIL. Secretaria de Educação Fundamental. *Parâmetros Curriculares Nacionais: Matemática.* Brasília: MEC; SEF, 1998.

COXFORD, A. F.; SHULTE, A. P. [Org.]. *As idéias da álgebra.* Tradução de Hygino H. Domingues. São Paulo: Atual, 1995.

RODRIGUES, C. I.; SOUZA, M. Ensino de pré-álgebra através de jogos no 7º ano do Ensino Fundamental. *Revista de Educação Matemática*, Bauru, v. 12, n. 14, 2009.

*

QUE NÚMERO FALTA?

A – JOGO PRINCIPAL

Jogadores: Dois

Material:

a) Um tabuleiro em malha 4×4 para cada jogador, com progressões aritméticas e/ou geométricas distintas. Esses tabuleiros devem ter casas em branco;

b) 16 cartas com os mesmos números de cada tabuleiro.

> **Nota 1**: Os tabuleiros devem ser distintos para cada jogador, mas com o mesmo grau de dificuldade.
>
> **Nota 2**: As progressões podem ser substituídas e a malha do tabuleiro pode variar. A menor malha deve ser 3×3.

Observação útil: O tabuleiro pode ser apenas de progressão aritmética (PA) ou de progressão geométrica (PG) e posteriormente apresentar as duas progressões no mesmo tabuleiro, para que seja possível observar o desenvolvimento do raciocínio dos jogadores.

A.1 – REGRAS

A.1.1 – Regras de Preparação

RP1 – Cada jogador terá um tabuleiro distinto;

RP2 – As cartas de cada tabuleiro devem estar misturadas sobre a mesa;

RP3 – O jogo será desenvolvido simultaneamente pelos jogadores.

A.1.2 – Regras de Desenvolvimento

RD1 – O início do jogo é dado aos jogadores pelo mediador;

RD2 – Os jogadores deverão observar seus tabuleiros e perceber quais números faltam para completar a progressão;

> **Nota**: As progressões deverão ser completadas por linha, ou seja, no sentido horizontal.

RD3 – Para completar o tabuleiro, os jogadores terão sobre as mesas todas as cartas dos respectivos tabuleiros embaralhadas; então deverão procurar nessas cartas qual corresponde ao número faltante de seu tabuleiro e colocá-la sobre ele.

> **Nota**: O mediador pode ser o professor.

A.1.3 – Regra do Objetivo

RO – O jogador que primeiro conseguir completar seu tabuleiro será o vencedor.

A.2 – MODELOS DE TABULEIRO (APENAS COM PROGRESSÕES ARITMÉTICAS)

Tabuleiro 1

34	42		58
54		68	
		16	19
	23	36	

Tabuleiro 2

40	48		64
63		77	
		21	24
		29	42

Nota: Para cada linha há uma PA distinta. Suas razões são, respectivamente, 8, 7, 3 e 13.

A.3 – MODELOS DE CARTA (APENAS COM PROGRESSÕES ARITMÉTICAS)

40	48	56	64
63	70	77	84
15	18	21	24
16	29	42	55

34	42	50	58
54	61	68	75
10	13	16	19
10	23	36	49

B – MATEMÁTICA SUBJACENTE

Recordaremos a matemática elementar que está envolvida nesse jogo.

Consideremos a sequência 4, 10, 16, 22. A lei de formação é que cada termo, a partir do segundo, é igual ao precedente somado a uma constante, chamada razão da progressão, que nesse caso é 6.

Toda sequência que tiver essa lei de formação é denominada *progressão aritmética* (PA).

Vejamos esta outra sequência: 16, 8, 4, 2, 1, ½, ¼. Nesse caso, a lei de formação é que cada termo, a partir do segundo, é igual ao precedente multiplicado por uma constante, também chamada de razão da progressão – nesse caso, ½.

Toda sequência que tiver essa lei de formação é denominada *progressão geométrica* (PG).

C – GÊNESE

Nesse jogo simples, procuramos reunir, basicamente, PA e PG, mas também é possível trabalhar somas e multiplicações em sua essência.

Esses tabuleiros foram adaptados a partir da tabela de Boécio (1091, b) encontrada na edição Migne do texto de Boécio. Essa tabela é formada por números imparmente pares, que são números que possuem propriedades dos parmente pares e ímpares. Veja as propriedades desses números:

- *parmente pares*: são aqueles divididos em duas partes iguais, as quais, por sua vez, também podem ser divididas em partes iguais, e assim sucessivamente até a unidade – formam uma P.G. de razão 2.

- *parmente ímpares*: são aqueles cujas metades não podem ser divididas por dois, como os números 6, 10 e 22 – tais números formam uma PA de razão 4, e a soma de qualquer par de termos extremos de uma sequência será igual à soma dos termos do meio ou igual ao dobro do termo do meio, caso a sequência tenha um número ímpar de termos.

D – VARIANTES

As regras permanecem as mesmas, podendo variar os tipos de sequência das progressões.

Variante 1

As progressões podem ser formadas por números fracionários.

Variante 2

As progressões podem ser formadas por números negativos.

Variante 3

As progressões podem ser formadas por números decimais.

Variante 4

Pode-se inserir as duas progressões no mesmo tabuleiro. Os números podem ser:

- a) Fracionários negativos;
- b) Fracionários positivos;
- c) Decimais negativos;
- d) Decimais positivos;
- e) Negativos e positivos;
- f) Fracionários negativos e positivos;
- g) Decimais negativos e positivos.

E – REFERÊNCIAS

BRITO, A. J. Matemática na Idade Média: entre o místico e o científico. *Revista Brasileira de História da Matemática*, n. 1, p. 127-141, 2007. Número especial.

CARDOSO, L. F. *Dicionário de Matemática: edição de bolso*. Porto Alegre: L&PM, 2007.

*

CAPÍTULO 2

Luciana Aparecida Ferrarezi

FRAÇÕES

CALCULADORA DE PRODUTO

CALCULADORA DE POTÊNCIA

TRÊS EM LINHA COM NOVOS DIAGRAMAS

TERNAS TRIANGULARES

FRAÇÕES

A – JOGO PRINCIPAL

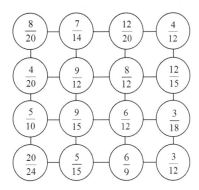

Jogadores: Dois
Material:
a) Dois dados;
b) Um tabuleiro 4 × 4;
c) Oito fichas de uma cor e oito fichas de outra para cada um dos jogadores.

A.1 – REGRAS

A.1.1 – Regras de Desenvolvimento

RD1 – A escolha do jogador que iniciará a partida é feita através de sorteio com os dados; quem tirar o maior número será o primeiro;

RD2 – O jogador lança os dados e com os dois números sorteados forma uma fração própria;

RD3 – No tabuleiro, o jogador deverá marcar com uma ficha de sua cor uma fração equivalente;

RD4 – Se o oponente já tiver colocado a ficha naquele ponto, ele poderá ser removido;

RD5 – Caso não haja fração equivalente no tabuleiro, ou se o jogador sortear números duplicados, ele perderá a vez.

A.1.2 – Regra do Vencedor

RV – Vence o jogador que obtiver quatro fichas enfileiradas vertical, horizontal ou diagonalmente.

Ilustrações

Lançados dois dados com a indicação das faces superiores:

$\boxed{6}\ \boxed{2}\ = \dfrac{2}{6} \to \text{cobrir } \dfrac{4}{12}$

$\boxed{4}\ \boxed{6}\ = \dfrac{4}{6} \to \text{cobrir } \dfrac{8}{12}$

$\boxed{5}\ \boxed{3}\ = \dfrac{3}{5} \to \text{cobrir } \dfrac{9}{15}$

$\boxed{6}\ \boxed{5}\ = \dfrac{5}{6} \to \text{cobrir } \dfrac{20}{24}$

B – VARIANTE

Basta empregar apenas frações impróprias, ou frações impróprias combinadas a próprias, para se obter uma interessante variante. É claro que, de acordo com o conhecimento dos alunos, podemos incluir números mistos (inteiros com frações próprias).

C – MATEMÁTICA SUBJACENTE

A *fração própria* é caracterizada por possuir o numerador *menor* que o denominador. Exemplos: $\frac{1}{3}, \frac{1}{5}, \frac{2}{3}, \frac{2}{5}, \frac{3}{5}$.

A *fração imprópria* possui numerador *maior* que o denominador.

As *frações equivalentes* representam a mesma parte do todo. Exemplos: $\frac{1}{3}, \frac{2}{6}, \frac{2}{12}$.

Assim, para obtermos uma fração equivalente, é necessário multiplicar o numerador e o denominador pelo mesmo número natural diferente de zero, ou dividir, simplificando. Exemplo: $\frac{3}{6}$, com termos menores, é $\frac{1}{2}$.

D – GÊNESE

Esse jogo teve como fonte o trabalho de Barson (1992).

E – REFERÊNCIA

BARSON, A. Three-in-a-Row. In: MATHEMATICS Games for Fun and Practice. Parsippany; New Jersey: Dale Seymour, 1992.

*

CALCULADORA DE PRODUTO

A – JOGO PRINCIPAL

Jogadores: Dois
Material:
a) Um dado;
b) Um tabuleiro;
c) Quatro fichas de uma cor e quatro fichas de outra cor para cada um dos jogadores.

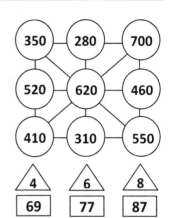

A.1 – REGRAS

A.1.1 – Regras de Desenvolvimento

RD1 – Inicia a partida o jogador que tirar o maior número a partir do sorteio do dado;

RD2 – O jogador escolhe dois números: um em triângulo e outro em retângulo;

RD3 – Em seguida, realiza o produto entre eles;

RD4 – Obtendo no tabuleiro o valor mais próximo do produto entre esses dois números, o jogador o marca com sua ficha no tabuleiro;

RD5 – Se o número já estiver marcado, o jogador marcará o número não assinalado mais próximo ao valor calculado;

RD6 – O jogador perdedor inicia o próximo jogo. Se nenhum jogador construir trilha, o jogo deverá reiniciar.

A.1.2 – Regra do Vencedor

RV – Vence o jogador que obtiver três fichas enfileiradas vertical, horizontal ou diagonalmente.

B – VARIANTE

Sugerimos utilizar uma Calculadora de Quociente para ter uma variante, evitando, dessa maneira, a repetição dos mesmos produtos, ainda que possamos continuar com produtos e simplesmente trocar os números, o que já seria uma variante.

C – MATEMÁTICA SUBJACENTE

Existem dois procedimentos para conceituar a multiplicação: 1) por produto cartesiano; e 2) por adição de parcelas iguais. No segundo, o usual, temos:

Definição: Chama-se *produto* dos naturais **a** e **b**, com **a** ≠ 1 e **a** ≠ 0, à soma de **a** parcelas iguais a **b**.

As duas restrições existem pelo fato de essas adições não terem sentido; então, estende-se a definição para englobar esses casos:

$$1 \times b = b, \text{ e } 0 \times b = 0.$$

Conforme essa definição, ao primeiro termo denominamos *multiplicador*, e ao segundo, *multiplicando*. Esses nomes são coerentes com suas funções: o multiplicador é atuante (o que fornece a ação), e o multiplicando é o paciente (o que executa a ação).

É possível demonstrar que a multiplicação tem a propriedade comutativa a × b = b × a, de onde a utilização do nome *fator* para qualquer dos termos, passando ambos a ser atuantes.

Nesse jogo, o aluno jogador é conduzido à busca de resultados aproximados. Assim, por exemplo: 6 × 77 = 462, mas marca-se 460; 4 × 69 = 276, mas marca-se 280, e se este número já estiver marcado, então o próximo será 310; o que fornece uma peculiaridade interessante ao jogo. As aproximações são usuais na vida comum e, principalmente, na científica.

D – GÊNESE

Esse jogo também teve como fonte o trabalho de Barson (1992).

E – REFERÊNCIA

BARSON, A. Three-in-a-Row. In: MATHEMATICS Games for Fun and Practice. Parsippany; New Jersey: Dale Seymour, 1992.

*

CALCULADORA DE POTÊNCIA

A – JOGO PRINCIPAL

Jogadores: Dois
Material:
a) Um dado;
b) Um tabuleiro;
c) Quatro fichas de uma cor e quatro fichas de outra cor para cada um dos jogadores.

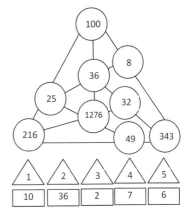

A.1 – REGRAS

A.1.1 – Regras de Desenvolvimento

RD1 – Inicia a partida o jogador que tirar o maior número a partir do sorteio do dado;

RD2 – O jogador escolhe dois números: o expoente no triângulo e a base no retângulo;

RD3 – Em seguida, realiza a potenciação desses números;

RD4 – Obtendo o valor da potência entre esses dois números, o jogador marca o resultado com sua ficha no tabuleiro;

RD5 – Se o número já estiver marcado, o jogador marcará o número não assinalado mais próximo ao valor calculado.

A.1.2 – Regra do Vencedor

RV – Vence o jogador que obtiver três fichas enfileiradas vertical, horizontal ou diagonalmente.

Nota: Se nenhum jogador construir trilha, o jogo é reiniciado.

B – MATEMÁTICA SUBJACENTE

Definição 1: Dados os números naturais **a** e **b**, nessa ordem, com $b > 1$, chamamos *potência* ao produto **c** de **b** fatores iguais a **a**.

Indicamos $a^b = c$; portanto, $a^b = a \times a \times a \ldots a$ (b fatores).

Denomina-se *base* o fator que se repete, *expoente* ou *grau* o número de fatores iguais, e *potência* o resultado do produto.

Uma vez que não tem sentido uma multiplicação com um só fator ou sem fatores, os símbolos a^1 e **a** seriam desprovidos de sentido; por exemplo, 5^1, pelo dito acima, seria o produto do 5 por ele mesmo uma vez. Resolve-se estendendo a definição com $a^1 = a$ e $a^0 = 1$, com $a \neq 0$. Aliás, essas extensões são as convenientes e justificáveis.

Definição 2: A operação que ao par ordenado de números naturais (a, b) faz corresponder a potência é chamada *potenciação*.

É interessante observar que, sendo $0^1 = 0$, $0^2 = 0$, etc., seriamos tentados a considerar $0^0 = 0$; mas temos também $1^0 = 1$, $2^0 = 1$, etc., que nos conduziria a usar $0^0 = 1$. Outra vez temos uma questão; mas, com estudos mais avançados, verifica-se a necessidade da opção $0^0 = 1$.

Existem várias propriedades interessantes:

$$P1.\ a^p \times a^q = a^{p+q}; \qquad P2.\ a^p : a^q = a^{p-q}; \qquad P3.\ (a^b)^c = a^{b \times c}$$

D – VARIANTE

Para que o jogo não seja repetido várias vezes com os mesmos números e fique cansativo, o professor poderá trocá-los. Pode-se substituir as bases por decimais ou mesmo por frações ordinárias.

*

TRÊS EM LINHA COM NOVOS DIAGRAMAS

A – INTRODUÇÃO

Esses jogos apresentam configurações simples, e seu uso é imediato como ferramenta pedagógica para introduzir ou fixar conceitos de Geometria Euclidiana de forma prazerosa. São do tipo Três em Linha.

B – JOGO PRINCIPAL

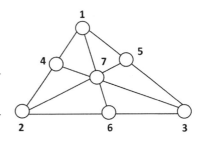

Jogadores: Dois (A e B)
Material:

a) Quatro fichas de uma cor para um jogador e quatro de outra cor para o outro jogador;

b) Um diagrama na forma triangular (conforme figura ao lado).

B.1 – DESCRIÇÃO DO DIAGRAMA

a) Preferivelmente na forma de um triângulo escaleno;

b) Sete células para colocação das fichas:

   1. Três células nos cantos indicadas por 1, 2 e 3;
   2. Três nos pontos intermediários nos lados do triângulo, indicadas por 4, 5 e 6;

   Nota: Não precisam ser pontos médios.

   3. Uma célula central indicada por 7.

c) Seis segmentos de reta:

   1. Três de lados do triângulo: 1-2, 2-3, 3-1;
   2. Três que se cruzam no ponto central: 1-6, 2-5, 3-4.

B.2 – REGRAS

B.1.1 – Regra de Preparação

RP – Disputa-se no usual par ou ímpar quem iniciará (quem será o jogador A).

B.1.2 – Regras de Desenvolvimento

RD1 – O jogador A coloca uma de suas fichas em qualquer célula;

RD2 – O jogador B coloca uma de suas fichas em qualquer célula vazia;

RD3 – O jogador A coloca uma de suas fichas em qualquer célula vazia e, assim, sucessiva e alternadamente.

B.1.3 – Regra do Vencedor

RV – O jogador que conseguir colocar alinhadas três de suas fichas é declarado vencedor. Há possibilidade de empate.

Ilustrações

Ilustração 1	**Ilustração 2**
A dá saída em 6;	A dá saída em 6;
B responde em 7;	B responde em 7;
A coloca em 1;	A coloca em 1;
B reponde em 2;	B responde em 4;
A coloca em 5 (necessário);	A coloca em 3 (necessário);
B coloca em 3 (necessário), e temos EMPATE.	Abrindo duas possibilidades para ter "três em linha", então A será vencedor.

B.3 – ESTRATÉGIA

Este jogo permite estabelecer estratégias para algumas saídas de A e respostas de B. É conveniente esperar que alguns jogadores as descubram.

Vejamos uma das estratégias:

Saída de A na célula central 7.

Casos:

    a) B responde em célula de canto;
    b) B responde em célula intermediária.

Vejamos:

A sai na célula central 7;

B responde no canto 2;

A coloca no canto 3;

B coloca na célula intermediária 4 (necessário);

A coloca no canto 1 (necessário);

Abrindo duas possibilidades para "três em linha", A será vencedor.

> **Nota:** Deixamos a cargo do leitor interessado o estudo do caso b e a descoberta de outras estratégias.

C – MATEMÁTICA SUBJACENTE

Após o jogo, é conveniente introduzir denominações da Geometria Euclidiana.

As retas que possuem um vértice de um triângulo são chamadas *cevianas*. Vejamos três cevianas usuais.

Um segmento é *altura* se e só se for um segmento perpendicular à reta suporte de um lado, com extremidades nessa reta e no vértice oposto a esse lado.

Um segmento é *mediana* se e só se for um segmento com extremidades num vértice e no ponto médio do lado oposto.

Um segmento é *bissetriz* se e só se for um segmento com extremidades num vértice e no lado oposto e que divida o ângulo desse vértice em dois ângulos congruentes.

Em geral, as alturas, as medianas e as bissetrizes de um triângulo não coincidem; porém, em alguns triângulos especiais, pode haver coincidência entre esses elementos.

Verifica-se que as alturas de um triângulo se cruzam num ponto chamado *ortocentro*. Da mesma forma, as medianas se cruzam num mesmo ponto, chamado *baricentro*.[1] E as bissetrizes (internas) também se cruzam num mesmo ponto, chamado *incentro*.

No caso de duas bissetrizes externas e uma interna, temos o *excentro* (ou *ex-incentros*).

Uma característica comum às três cevianas que as faz serem concorrentes num único ponto é satisfazer à Propriedade Unificadora, descoberta pelo italiano Giovanni Ceva (daí a denominação).

Se as cevianas de A, de B e de C, com pontos de interseção respectivamente α, β, e δ com os lados opostos, são concorrentes, então:

$$\left(\frac{\overline{\alpha B}}{\overline{\alpha C}}\right)\left(\frac{\overline{\beta C}}{\overline{\beta A}}\right)\left(\frac{\overline{\delta A}}{\overline{\delta B}}\right) = -1$$

Sendo válida a propriedade recíproca.

Essa propriedade pode ser empregada para provar a intersecção das três alturas, das três medianas, das três bissetrizes internas e das duas bissetrizes externas e uma interna, e outras provas que mostram o grande potencial da Propriedade de Ceva.

D – GÊNESE

Esse jogo foi baseado no Tri-Hex, criado por Thomas H. O'Beirne, autor de *Puzzles and Paradoxes*. O diagrama desse jogo é composto por nove linhas, com três células por linha, num total de nove células.

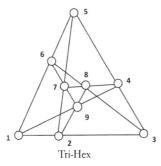

Tri-Hex

---

[1] Bari + centro. *Bari – barús*, pesado, grave, de onde vem centro de gravidade.

E – VARIANTES

Variante 1

Basta utilizar um diagrama transformado deslocando as cevianas 3-4 e 2-5 de tal maneira que as células 4 e 5 pertençam, respectivamente, aos prolongamentos dos segmentos 1-2, 1-3.

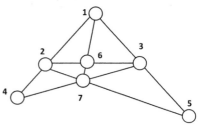

Nota: Observar que as estratégias são as mesmas do nosso jogo principal.

Variante 2

Empregar a Configuração Desargueana com dez células.

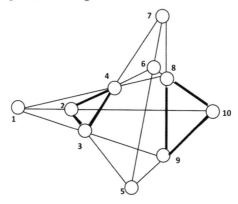

Nota: Nessa configuração, observam-se os triângulos 2, 3, 4 e 8, 9, 10, que são perspectivos em relação à célula 1; e nota-se que os prolongamentos dos lados desses triângulos se cruzam em 5, 6 e 7 alinhados, o que seria importante para a Geometria Euclidiana na licenciatura ou, eventualmente, no ensino médio.

F – REFERÊNCIAS

BORIN, J. *Jogos e resolução de problemas: uma estratégia para as aulas de matemática.* 2. ed. São Paulo: Caem/USP, 1996.

FERRAREZI, L. A. *Criando novos tabuleiros para o jogo Tri-Hex e sua validação didático-pedagógica na formação continuada de professores de Matemática: uma contribuição para Geometria das séries finais do ensino fundamental.* 2005. 148 f. Dissertação (Mestrado em Educação Matemática) – Universidade Estadual Paulista, Instituto de Geociências e Ciências Exatas, Rio Claro, 2005.

GARDNER, M. *Mathematical Magic Show.* London: Penguin Books, 1985.

GARDNER, M. *Divertimentos matemáticos.* São Paulo: IBRASA, 1991. 189 p.

O'BEIRNE, T. H. *Puzzles and Paradoxes: Fascinating Excursions in Recreational Mathematics.* New York: Oxford University Press, 1965.

TERNAS TRIANGULARES

A – INTRODUÇÃO

Conhecida a propriedade que expressa: *Qualquer lado de um triângulo é menor que a soma dos outros dois* (FIG. 1), acrescentamos ao tema a necessidade do conhecimento do caso particular que *em todo triângulo, o maior lado é menor que a soma dos outros dois*; e o conceito do perímetro (soma de todos os lados). Essa propriedade pode ser estendida para polígono (FIG. 2), dada a sua equivalência. *O caminho mais curto entre dois pontos é o segmento de reta com extremos nesses pontos.*

B – JOGO PRINCIPAL

Jogadores: Dois (ou duas equipes) ou mais
Material: Papel, lápis, régua e compasso

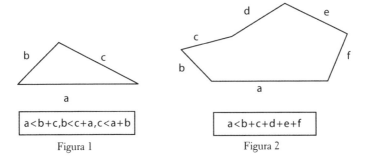

Figura 1   Figura 2

B.1 – REGRAS

R1 – Cada jogador (ou equipe) disputa a partida sem conhecimento das realizações do oponente;

Nota: É vedado a todo jogador (ou equipe) observar a folha de papel do adversário.

R2 – Todo jogador (ou equipe) deve descobrir o maior número de ternas triangulares a inteiros positivos (**a, b, c**) e, como opção, fazer esboços gráficos dos triângulos correspondentes;

Nota: O tempo para construção das ternas e dos esboços será fixado pelo professor (ou coordenador). Sugerimos 20 minutos para os primeiros jogos e 15 para os demais.

R3 – Os componentes das ternas devem satisfazer a condição **k** = máximo de **a**, **b** e **c**, com **k** inteiro positivo fixado pelo professor ou coordenador do jogo;

Nota: Decorre a possibilidade de valores iguais numa mesma terna.

R4 – Ao jogador (ou equipe) será atribuído um ponto por terna correta e cinco pontos por três ou mais esboços gráficos bons.

Nota: Todas as ternas e os respectivos esboços devem ser entregues em folha de papel.

B.1.1 – Regra do Vencedor

O jogador (ou equipe) que obtiver maior número de pontos será considerado vencedor.

Ilustração: $k = 4$

a) Seja que a equipe do jogador X tenha fornecido as ternas e os esboços seguintes:

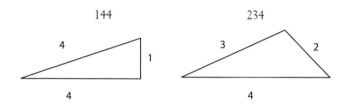

Mais as ternas 224 e 334

Pontos:

Pontos por ternas: $1 + 1 + 0 + 1 = 3$

Pontos por esboços: A equipe fez só dois, portanto não recebe ponto.

Total de pontos: $3 + 0 = 3$

Nota: A terceira terna não é triangular, uma vez que o maior lado (4) não é menor que a soma $(2 + 2 = 4)$ dos outros dois.

b) Seja que a equipe do jogador Y tenha fornecido as ternas e os esboços gráficos seguintes:

Ternas: 144   244   344
         234   334

Esboço da primeira   Esboço da segunda   Esboço da terceira

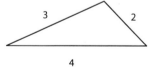
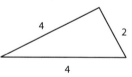

Pontos:

Pontos por ternas: $2 + 2 + 1 = 5$

Pontos por esboços: 5

Total de pontos: $5 + 5 = 10$

Equipe vencedora: Equipe de Y.

Observações: Faltou para a equipe de Y só uma terna, a equilátera $(4, 4, 4)$.

Nas ilustrações seguintes, nós nos resumiremos a fornecer as ternas triangulares de uma maneira bem simples.

Ilustração: k = 8

1 8 8	2 8 8	3 8 8	4 8 8	5 8 8	6 8 8	7 8 8	8 8 8
2 7 8	3 7 8	4 7 8	5 7 8	6 7 8	7 7 8		
3 6 8	4 6 8	5 6 8	6 6 8				
4 5 8	5 5 8						

Por coluna: 4   4   3   3   2   2   1   1

Total = 2 (4 + 3 + 2 + 1) = 20

Ilustração: k = 9

1 9 9	2 9 9	3 9 9	4 9 9	5 9 9	6 9 9	7 9 9	8 9 9	9 9 9
2 8 9	3 8 9	4 8 9	5 8 9	6 8 9	7 8 9	8 8 9		
3 7 9	4 7 9	5 7 9	6 7 9	7 7 9				
4 6 9	5 6 9	6 6 9						
5 5 9								

Por coluna: 5   4   4   3   3   2   2   1   1

Total = 5 + 2 (4 + 3 + 2 + 1) = 25

Ilustração: k = 10

1 10 10	2 10 10	3 10 10	4 10 10	5 10 10	6 10 10	7 10 10	8 10 10	9 10 10	10 10 10
2 9 10	3 9 10	4 9 10	5 9 10	6 9 10	7 9 10	8 9 10	9 10 10		
3 8 10	4 8 10	5 8 10	6 8 10	7 8 10	8 8 10				
4 7 10	5 7 10	6 7 10	7 7 10						
5 6 10	6 6 10								

5   5   4   4   3   3   2   2   1   1

Total: 2 (5 + 4 + 3 + 2 +1) = 30

Ilustração: k = 11

1 11 11	2 11 11	3 11 11	4 11 11	5 11 11	6 11 11	7 11 11	8 11 11	9 11 11	10 11 11	11 11 11
2 10 11	3 10 11	4 10 11	5 10 11	6 10 11	7 10 11	8 10 11	9 10 11	10 10 11		
3 9 11	4 9 11	5 9 11	6 9 11	7 9 11	8 9 11	9 9 11				
4 8 11	5 8 11	6 8 11	7 8 11	8 8 11						
5 7 11	6 7 11	7 7 11								
6 6 11										

6   5   5   4   4   3   3   2   2   1   1

Total: 6 + 2 (5 + 4 + 3 + 2 + 1) = 6 + 30 = 36

C – ESTRATÉGIA PARA LISTAGEM DAS TERNAS

Ao observar as ilustrações, emerge uma estratégia que metodiza a obtenção da listagem das diversas ternas por perímetros.

a) Todas as ternas de uma mesma coluna são *isoperimétricas* (mesmo perímetro);

b) Todas as ternas iniciais de cada coluna são *isósceles*; exceto a última, que é a *única equilátera*;

c) As primeiras ternas de cada coluna diferem pela primeira componente e sucessivamente apenas por uma unidade a mais;

d) Em cada coluna, fazem-se sucessivamente transposições de uma unidade da segunda componente para a primeira componente até que esta fique igual ou uma unidade a menos que a segunda componente.

D – MATEMÁTICA SUBJACENTE À CONTAGEM DAS TERNAS

Nas ilustrações anteriores, contamos em cada coluna o número de suas ternas. Verifica-se dessas contagens que:

Se k *é par*, então a soma dos totais parciais (número total de ternas) é dado por:

$T(k) = 2 [k / 2 + (k - 1)/2 + ... 3 + 2 + 1] = 2. [(k / 2)(k / 2 + 1)] / 2$
$=> T(k) = k (k + 2) / 4$

Se k *é impar*, então a soma dos totais parciais (número total de ternas) é dado por:

$T(k) = (k + 1) / 2 + 2 [(k - 1) / 2 + ... + 2 + 1]$
$=> T(k) = (k + 1)^2 / 4$

Exemplos de totais de ternas em função da medida do maior lado inteiro positivo:

$T(8) = 8 \times 10 / 4 = 20$, $T(13) = 14^2 / 4 = 196 / 4 = 49$ e $T(12) = 12 \times 14 / 4 = 42$

> **Nota:** É claro que o docente poderá usar essas fórmulas apenas para conferir totais; mas no ensino médio é possível descobri-las desde que se usem na descoberta apenas progressões aritméticas.

Curiosidade: Existem ternas triangulares a inteiros positivos tais que o máximo comprimento seja igual ao número de ternas? *Sim*. Para a descoberta, basta resolver duas pequenas equações,

$$K(k + 2) / 4 = k \qquad e \qquad (k + 1)^2 / 4 = k,$$

que fornecem as respostas $k = 2$ (ternas 122 e 222) e $k = 1$ (terna 111).

E – GÊNESE

Esse jogo nos foi sugerido pelo coordenador do GEP-J, Dr. Ruy Madsen Barbosa, ao qual agradecemos não só pela ideia básica mas também pelas diversas discussões via e-mail ou telefone. Ele nos contou que o jogo emergiu do problema proposto em Liu (1968): "Mostrar que o número de triângulos não congruentes cujos lados são números inteiros com o maior ou igual a k é $[(k + 1)^2] / 4$, se k é ímpar, e $k (k + 2) / 4$, se k é par".

F – REFERÊNCIA

LIU, C. L. *Introduction to Combinatorial Mathematics.* New York: McGraw-Hill, 1968.

*

CAPÍTULO 3

Raquel Araium

BOLA NA LATA

CAÇA-PRODUTO

NÚMERO SECRETO

QUATRILHO: JOGO DA TABUADA DE MULTIPLICAR

TABUADA DA VELHA

BOLA NA LATA

A – JOGO PRINCIPAL

Essa atividade proporciona o desenvolvimento em: *multiplicação, valor numérico e uso de tabelas.*

Jogadores: Dois ou mais

Objetivo: Conseguir melhor pontuação

Material: Dez latas etiquetadas e uma bola de tênis (ou de pano)

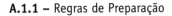

A.1 – REGRAS

A.1.1 – Regras de Preparação

RP1 – Dispor as dez latas já etiquetadas, como indica a figura, sobre uma superfície plana isolada;

RP2 – O professor combina com os alunos o número de arremessos da bola e a distância para esses arremessos;

RP3 – O objetivo de cada jogador é conseguir maior a pontuação;

RP4 – O professor nomeia um aluno para o preenchimento da tabela;

RP5 – Define-se a distância de posicionamento dos jogadores em relação às latas.

A.1.2 – Regras de Desenvolvimento

RD1 – O primeiro jogador se posiciona e atira a bola de tênis na direção da pilha de latas;

RD2 – Depois da conferência de quais latas foram derrubadas no chão, o relator anota na tabela o resultado da soma dos valores das latas derrubadas;

RD3 – Terminado o processo de anotações, outro jogador reinicia, e assim sucessivamente.

A.1.3 – Regras do Vencedor

RV – Consultando-se o quadro de jogadas, observa-se quem é o vencedor:
  a) em cada jogada;
  b) na somatória das jogadas.

Exemplo: Sejam os jogadores A e B (observar que é indiferente qual jogador inicia)

Quadro de jogadas

Pontuação por Participante	Primeira jogada	Segunda Jogada	...	Total
A	1 + 2 + 3 + 7 = 13	1 + 2 + 6 + 8 = 17	...	13 + 17 = 30
B	1 + 2 + 3 + 4 + 5 + 7 = 22	1 + 2 + 3 = 6	...	22 + 6 = 28
C				
D				

Nesse exemplo, o jogador B vence a primeira jogada, e o participante A vence a segunda jogada. No final, quem vence é o participante A.

O professor poderá explorar a amplitude das diferenças.

B – VARIANTES

Usando-se o mesmo material, podem-se criar outras situações de jogo, dando diferentes valores às latas.

Exemplo:

"Valor da lata derrubada multiplicado por três".

Quadro de jogadas

Jogador	Latas derrubadas	Expressão	Total
A	Latas 1 e 4	1 × 3 + 4 × 3, ou (1 + 4) × 3	15
B	Latas 2 e 5	2 × 3 + 5 × 3, ou (2 + 5) × 3	21
...	...	...	...

Outras sugestões:

1) Conforme a lata, ela terá um determinado valor, por exemplo:
    a) número da lata multiplicado por número negativo ou por número positivo, ou, ainda, com valores adicionados ou subtraídos;
    b) número da lata elevado ao quadrado.

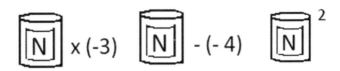

2) Pintar metade das latas com uma cor e metade com outra cor, numerá-las e usar valor positivo das latas de uma cor e negativo para as de outra cor;

3) Aumentar ou diminuir o número de latas da pilha.

C – COMENTÁRIO

Dependendo da operação definida para a bola, o jogador deverá observar o posicionamento das latas mais convenientes a serem derrubadas.

Além de cálculos mentais, da necessidade de estabelecer estratégias, Bola na Lata exige também habilidade em coordenação motora e intensidade de força.

D – GÊNESE

O tradicional jogo infantil frequentemente apresentado em festas juninas, em que apenas o número de latas derrubadas define a prenda conquistada, serviu de inspiração para essa atividade.

*

CAÇA-PRODUTO

A – JOGO PRINCIPAL

Jogadores: Dois a quatro, e um mediador

Material:

a) Sorteador – duas bolinhas que se assentem aleatoriamente sobre algarismos de 1 a 9;

b) Tabuleiro com tabela de dupla entrada e comando multiplicar números de 1 a 9 nas linhas e nas colunas;

c) Cartões com os produtos das multiplicações;

d) Identificadores: 100 argolinhas para marcar os resultados das multiplicações – uma cor para cada jogador.

      Sorteador   Identificadores

A.1 – REGRAS

A.1.1 – Regras de Preparação

    RP1 – Examinar o material, colocando os cartões com os produtos virados para baixo sobre o tabuleiro. A tabela fica com as entradas à vista e os produtos cobertos pelos respectivos cartões.

                          15   CAÇA PRODUTO

                        FRENTE   VERSO

A.1.2 – Regras de Desenvolvimento

RD1 – O primeiro jogador sorteia dois fatores balançando as bolinhas sobre o sorteador e anuncia em voz alta a multiplicação indicada e o produto. Por exemplo, "quatro vezes cinco: 20";

RD2 – O mediador diz se está correto ou não;

RD3 – Se estiver correto, o jogador pega para si o produto, que está no tabuleiro virado para baixo;

RD4 – O mediador coloca uma argolinha da cor correspondente ao jogador que *caçou o produto.*

RD5 – Quem errar não pode caçar. Também não se pode caçar o produto que já tiver sido caçado;

RD6 – Contam-se as argolinhas de cada jogador;

RD7 – Cada jogador confere contando seus cartões.

A.1.3 – Regra do Vencedor

RV – Ganha quem tiver caçado mais produtos.

A.2 – TABULEIRO

x	1	2	3	4	5	6	7	8	9
1	1	2	3	4	5	6	7	8	9
2	2	4	6	8	10	12	14	16	18
3	3	6	9	12	15	18	21	24	27
4	4	8	12	16	20	24	28	32	36
5	5	10	15	20	25	30	35	40	45
6	6	12	18	24	30	36	42	48	54
7	7	14	21	28	35	42	49	56	63
8	8	16	24	32	40	48	56	64	72
9	9	18	27	36	45	54	63	72	81

B – VARIANTE

Como variação e enriquecimento, ao conferir os cartões, ganha quem caçar a maior *soma de produtos*.

> **Nota**: Para agilizar essa soma, o professor pode explorar a propriedade distributiva. Exemplo: o jogador caçou 3×9 e 7×9; portanto, caçou 10×9.

C – DICAS PARA MATERIAL

As argolinhas podem ser retiradas dos lacres das tampas de garrafas PET.

Descrição do sorteador:

- Caixa quadrada, de 2 cm de altura, com os números de 1 a 9 no fundo;
- Barbante grosso sobre as linhas divisórias para definir bem cada região;
- Duas bolinhas;
- Papel-filme cobrindo a caixa para manter as bolinhas na parte interna.

D – GÊNESE

Esse jogo foi criado por nós. Acreditamos que ele possa ajudar os colegas em benefício da Educação Matemática brasileira.

*

NÚMERO SECRETO

A – JOGO PRINCIPAL

Jogadores: Dois, três ou quatro

Material:

a) 24 lâminas dos números retangularizados e de um cartaz "Consulte se precisar";

b) Lápis para anotações;

c) Papel.

A.1 – INTRODUÇÃO

Este é um jogo no qual os jogadores participantes são detetives que buscam descobrir, com o menor número de pistas (criadas pelos próprios detetives), qual é o Número Secreto pertencente a um conjunto de 24 números, expostos no chão em espiral, contendo cada lâmina todas as formas gráficas retangulares possíveis de cada número.

As lâminas estarão expostas em espiral, para que todos os participantes do jogo possam acompanhar cada detalhe do jogo.

Essas formas fornecem, por simples visual, a decomposição do número em dois fatores; por exemplo, a lâmina do 10 tem o retângulo 1×10 e o retângulo 2×5.

É fornecido, também, um pequeno cartaz auxiliar do vocabulário para as perguntas, abrangendo dois temas: divisibilidade e intervalo. A esse pequeno cartaz denominamos "Consulte se precisar".

A.2 – REGRAS

A.2.1 – Regras de Preparação

RP1 – O coordenador fixa os alunos que serão os detetives. O objetivo de cada detetive é descobrir, por meio de perguntas, o Número Secreto;

RP2 – O coordenador nomeia um aluno relator;

> **Nota:** A função do relator é registrar numa folha de papel à vista de todos o nome do detetive, suas perguntas e as respostas respectivas da classe.

RP3 – Os detetives deverão deixar o ambiente para aguardar sua vez;

> **Nota:** Se o jogo for realizado na sala de aula, os detetives devem esperar no corredor; se o jogo for realizado no pátio, os detetives devem se afastar bastante do grupo de alunos.

RP4 – O coordenador escolhe o Número Secreto entre qualquer um dos números de 1 a 24.

> **Nota:** O professor (ou coordenador) deverá indicar somente aos outros alunos o número escolhido, que deverá ser descoberto pelos detetives.

A.2.2 – Regras de Desenvolvimento

RD1 – O primeiro detetive deve retornar e fazer sua investigação usando vocabulário adequado. Para facilitar, poderá basear-se em "Consulte se precisar", através de perguntas;

> **Nota 1:** É permitida uma só pergunta definindo o intervalo de pertinência.

> **Nota 2:** Não vale perguntar diretamente pela identidade de um número (Exemplo: É o número 15?).

RD2 – Cada resposta a uma pergunta deve ser ou *sim* ou *não*;

> **Nota:** O coordenador poderá, a seu juízo, aceitar a pergunta ou recusá-la por estar mal formulada. Também poderá confirmar se é sim ou não.

RD3 – Conforme a resposta dada, o detetive elimina os números que tornam a resposta falsa. O coordenador deve estar atento à eliminação, sugerindo ao detetive uma possível correção;

RD4 – Alcançado o objetivo, o detetive afirma "O Número Secreto é...";

> **Nota:** É proibido dizer o Número Secreto apenas tentando adivinhar.

RD5 – Terminado o processo, outro detetive reinicia, e assim sucessivamente.

> **Nota:** É vedado informar aos novos detetives o número de perguntas dos detetives anteriores.

A.2.3 – Regras do Vencedor

RV1 – O relator passa ao coordenador o número de perguntas de cada detetive até a descoberta;

RV2 – O detetive com menor número de perguntas será declarado vencedor.

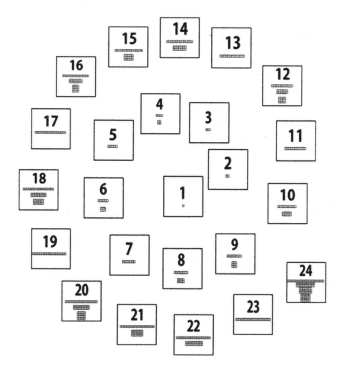

Nota: Lâminas de números de 1 a 24 com todas as formas retangulares possíveis de cada número.

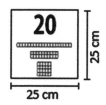

Consulte se precisar

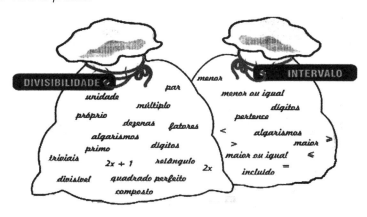

A.3 – EXEMPLOS DE INVESTIGAÇÃO

Sejam três detetives: A, B e C.

Investigação de A

1. O número secreto é ímpar? *Não.*
O detetive vira todos os números ímpares. Sobram: 2, 4, 6, 8, 10, 12, 14, 16, 18, 20, 22 e 24.

2. O número secreto é primo? *Não.*
O detetive vira apenas o 2, portanto sobram 4, 6, 8, 10, 12, 14, 16, 18, 20, 22 e 24. Observe-se que a pergunta é interessante, pois poderia já determinar o número secreto, se a resposta fosse afirmativa.

3. O número secreto é maior que 12? *Não.*
O detetive vira os números 14, 16, 18, 20, 22 e 24, e sobram 4, 6, 8, 10 e 12.

4. O número secreto tem exatamente duas representações retangulares? *Não.*
O detetive vira os números 4, 6, 8 e 10, e sobra só o 12.
O detetive A declara sua conclusão: *O número secreto é o 12.*

Investigação de B

1. O número secreto é par? *Sim.*
O detetive vira todos os números ímpares, sobrando os números pares.

2. O número secreto é maior ou igual a 14? *Não.*
O detetive vira os números 14, 16, 18, 20, 22 e 24; logo, sobram 2, 4, 6, 8, 10 e 12.

3. O número secreto é múltiplo de 3? *Sim.*
O detetive vira os números 2, 4, 8 e 10, sobrando apenas 6 e 12.

4. O número secreto tem exatamente duas representações retangulares? *Não.*
O detetive vira o número 6 e sobra só o 12.
O detetive B declara: *O número secreto é o 12.*

Atenção: Até agora, A e B estão empatados.

Investigação de C

1. O número secreto é maior que 12? *Não.*
O detetive vira os números do 13 ao 24, e sobram do 1 ao 12.

2. O número secreto é par? *Sim.*
O detetive vira 1, 3, 5, 7, 9 e 11, e sobram 2, 4, 6, 8, 10 e 12.

3. Os números 3 e 4 são divisores do número secreto? *Sim.*
O detetive vira 2, 4, 6, 8 e 10, portanto sobra só o 12.
O detetive C declara: *O número secreto é o 12.*

Observação: O relator passa ao professor (ou coordenador) o número de perguntas até a descoberta.

Os detetives A e B precisaram de quatro perguntas, e C, só de três perguntas.

Conclusão final: o coordenador declara vencedor o detetive C.

B – VARIANTES

Variantes do jogo são possíveis. Basta o professor mudar o intervalo numérico do número secreto. Por exemplo: números de 40 a 90. Nesse caso, a ilustração é substituída pelo produto de dois números. Exemplificando:

41	**70**	**81**
1 x 41	1 x 70	1 x 81
	2 x 35	3 x 27
	5 x 14	9^2
	7 x 10	

C – COMENTÁRIO

As perguntas formuladas pelos detetives podem revelar diferentes ideias matemáticas. Tais ideias poderão ser trabalhadas pelo professor em aulas posteriores.

D – GÊNESE

Essa dinâmica foi inspirada no tradicional jogo Cara a Cara, da Estrela.

*

QUATRILHO: JOGO DA TABUADA DE MULTIPLICAR

A – O JOGO

Jogadores: Três, sendo opcional cada um ter um parceiro
Material: 40 cartas (fatores fixos 2 a 9)

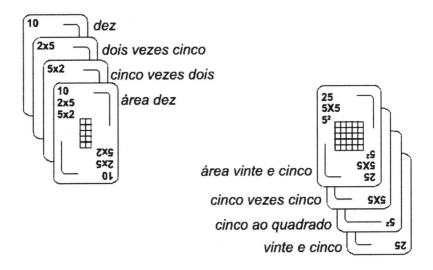

A.1 – REGRAS

A.1.1 – Regras de Preparação

RP1 – Conhecer o material, arrumando sobre a mesa conforme a ilustração;

RP2 – Embaralhar e distribuir as 36 cartas, deixando à parte o quatrilho zero, ficando 12 cartas com cada um dos três jogadores.

A.1.2 – Regras de Desenvolvimento

RD1 – O primeiro jogador pede a qualquer um de seus dois adversários uma determinada carta;

RD2 – Se o adversário requisitado tiver a carta, deve entregá-la, sem blefar. Caso contrário, diz "não tenho";

RD3 – O jogador continua pedindo cartas até ouvir "não tenho", e então passa a vez para o jogador da direita;

FATOR FIXO 6

QUATRILHO ZERO

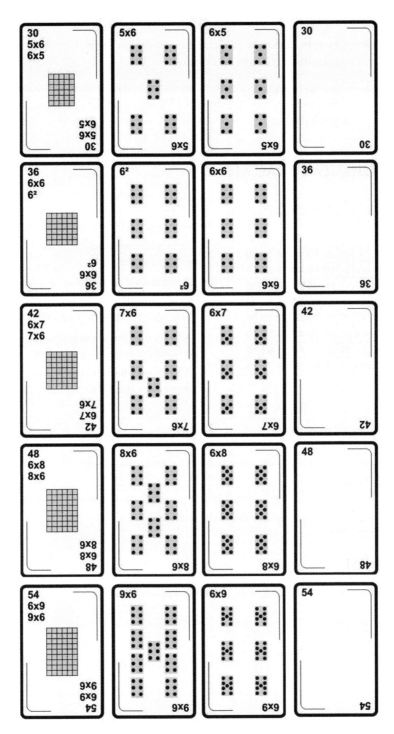

Importante: Para pedir, o jogador deve ter pelo menos uma carta do quatrilho.

RD4 – Se o jogador não souber pedir, passa sua vez;

RD5 – O quatrilho deve ser baixado ao lado do jogador logo que for formado;

RD6 – Quando acabarem as cartas da mão de um jogador, finaliza-se o jogo, contando os quatrilhos formados.

RD7 – Na jogada seguinte, deve-se incluir as cartas do quatrilho zero, dando-lhe destaque. São distribuídas 13 cartas para dois jogadores e 14 para o perdedor.

B –MATEMÁTICA SUBJACENTE

X	0	1	2	3	4	5	6	7	8	9	...
0	0	0	0	0	0	0	0	0	0	0	...
1	0	1	2	3	4	5	6	7	8	9	...
2	0	2	4	6	8	10	12	14	16	18	...
3	0	3	6	9	12	15	18	21	24	27	...
4	0	4	8	12	16	20	24	28	32	36	...
5	0	5	10	15	20	25	30	35	40	45	...
6	0	6	12	18	24	30	36	42	48	54	...
7	0	7	14	21	28	35	42	49	56	63	...
8	0	8	16	24	32	40	48	56	64	72	...
9	0	9	18	27	36	45	54	63	72	81	...
...	...	...	...	...	...	...	...	...	...	...	...

DICAS

- Se 0 for um fator, o produto será 0;
- Todo número multiplicado por 1 resulta no próprio número;
- A ordem dos fatores não altera o produto;
- O produto de dois fatores iguais pode ser indicado pelo fator ao quadrado;
- A figura que ilustra a área de duas dimensões de medidas distintas é retangular;
- A figura que ilustra a área de duas dimensões de medidas iguais é retangular e quadrada.

C – COMENTÁRIO

Apresento o material com fator fixo 6. O mesmo padrão deve ser utilizado com os outros fatores fixos.

As ilustrações esclarecem a definição e a propriedade comutativa da multiplicação e que o quadrado tem as propriedades do retângulo.

D – GÊNESE

Dinâmica inspirada no Quarteto Brasil, da Grow.

*

TABUADA DA VELHA

A – JOGO PRINCIPAL

Jogadores: três, sendo um o mediador
Material:

a) Papel para o diagrama do tradicional Jogo da Velha;

b) Lápis de duas cores;

c) Cinco argolinhas de uma cor (obtidas a partir dos lacres de tampas de garrafa PET) e cinco de outra cor;

d) "Tabuleiro de fatores" dividido em duas regiões.

A.1 – REGRAS

A.1.1 – Regras de Preparação

RP1 – Deve ser fixado inicialmente, a critério do professor, qual será o fator fixo. Coloca-se, então, a argolinha sobre o fator na primeira região;

RP2 – Decidir, entre os três jogadores, qual será o mediador na rodada;

RP3 – Decidir qual jogador começará a partida, por meio de qualquer método tradicional, por exemplo: par ou ímpar, número maior tirado pelo dado, etc.

A.1.2 – Regras de Desenvolvimento

RD1 – As jogadas são alternadas entre os jogadores. O primeiro jogador deve colocar uma de suas argolinhas no tabuleiro de fatores (segunda região);

RD2 – O jogador deve falar alto a multiplicação e o respectivo resultado;

RD3 – Após a conferência do mediador, se a resposta estiver correta, o jogador deverá escrevê-la na quadrícula de sua preferência, conforme o tradicional Jogo da Velha. Caso a resposta esteja incorreta, o jogador não preenche a quadrícula;

RD4 – O adversário escolhe um fator na segunda região, colocando sua argolinha e declarando a multiplicação indicada e respectivo resultado.

A.1.3 – Regra do Vencedor

RV – O jogador que primeiro conseguir alinhar suas quadrículas na horizontal, na vertical ou na diagonal será o vencedor.

Exemplo 1

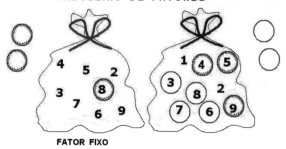

8 x 8	4 x 8	7 x 8
64	32	56
	6 x 8	9 x 8
	48	72
5 x 8		3 x 8
40		24

A: $7 \times 8 = 56$
B: $9 \times 8 = 72$
A: $6 \times 8 = 48$
B: $5 \times 8 = 40$
A: $8 \times 8 = 64$
B: $4 \times 8 = 32$
A: $3 \times 8 = 24$

A é o vencedor, pois alinhou na diagonal.

Exemplo 2

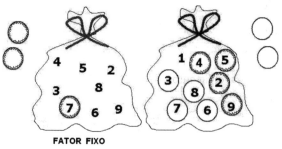

7 x 9	7 x 6	7 x 3
63	42	21
7 x 8	7 x 4	7 x 5
56	28	35
	7 x 2	7^2
	14	49

A: $7 \times 4 = 28$
B: $7 \times 3 = 21$
A: $7 \times 5 = 35$
B: $7 \times 8 = 56$
A: $7 \times 9 = 63$
B: $7^2 = 49$
A: $7 \times 2 = 14$
B: $7 \times 6 = 42$

Não houve vencedor.
Iiiiihh, deu velha!

B – COMENTÁRIO

Esse é um jogo adequado à aprendizagem de fatos fundamentais da multiplicação.

C – GÊNESE

O tradicional Jogo da Velha foi a fonte para criarmos esse jogo associado à multiplicação.

*

CAPÍTULO 4

Ruy Madsen Barbosa

PROCURANDO O DIVIDENDO

JOGOS DE BALANÇA

JOGOS DE SOMA MÁGICA

JOGOS DE CONEXÃO COM SABOR TOPOLÓGICO

DOMINAÇÃO NÃO TRANSITIVA

DIAGRAMAS BICROMÁTICOS COM TRIÂNGULOS MONOCROMÁTICOS

PROCURANDO O DIVIDENDO

A – JOGO PRINCIPAL: TRÊS EM LINHA

Jogadores: Dois (ou duas equipes, X e Y)

Material:

a) Dois dados;

b) 13 fichas de uma cor e 13 de outra cor para cada jogador;

c) Um tabuleiro grande numérico 5 × 5.

> **Nota**: Os números do tabuleiro podem ser substituídos.

55	14	29	57	31
19	15	28	32	30
38	27	71	11	39
21	33	64	56	48
7	16	22	36	26

A.1 – REGRAS

A.1.1 – Regras de Preparação

RP1 – Os jogadores lançam os dois dados; aquele que conseguir maior soma começa;

RP2 – O jogo será desenvolvido alternadamente pelos jogadores.

A.1.2 – Regras de Desenvolvimento

RD1 – Um jogador lança os dados e esquematiza uma divisão com as faces superiores; o número maior será o divisor, e o menor será o resto da divisão. Caso sejam iguais, o divisor é o número da face superior de um dos dados, e o resto será zero.

RD2 – O mesmo jogador procura no tabuleiro possíveis dividendos para sua divisão; então, encontrado um número adequado, coloca uma ficha (de sua cor) na quadrícula.

RD3 – O outro jogador faz o mesmo (RD1 e RD2); porém não pode colocar ficha onde já existir uma (sua ou do adversário).

> **Nota 1**: Para a execução de RD1 e RD2, poderá ser fixado um tempo máximo – por exemplo, três minutos. Caso exceda seu tempo, o jogador perde a vez.
>
> **Nota 2**: A divisão deve ser conferida. Caso ela seja impugnada e haja tempo sobrando, o jogador poderá tentar de novo.

A.1.3 – Regra do Objetivo

RO – O jogador que primeiro conseguir colocar três de suas fichas em quadrículas consecutivas alinhadas, seja na horizontal, na vertical ou na diagonal, será o vencedor.

Observação útil: Após muitas disputas, é conveniente trocar os números do tabuleiro.

Ilustrações

a) de colocação de fichas

1) Considere-se que os dados lançados forneceram as faces superiores 5 e 6. Teremos para o jogador que os lançou: divisor = 6 e resto = 5.

Segue que o dividendo pode ser: 11, 17, 23, 29, 35, 41, 47 e 53; então, o jogador pode colocar uma ficha na quadrícula 11 ou na 29, à sua escolha.

55	14	29	57	31
19	15	28	32	30
38	27	71	11	39
21	33	64	56	48
7	16	22	36	26

2) Considere-se que os dados forneceram as faces superiores 4 e 4. A divisão será com divisor = 4 e resto = 0. Seguem os dividendos possíveis: 4, 8, 12, 16, ...
O jogador poderá pôr uma ficha numa das seguintes quadrículas: 16, 28, 32, 36, 48 e 64.

b) de vitória

Considere-se que o jogador X já tinha fichas em 32, 11, 16 e 28, e Y tinha em 71, 39, 33 e 31.

55	14	29	57	31
19	15	28	32	30
38	27	71	11	39
21	33	64	56	48
7	16	22	36	26

Nota: Observar que Y tem três fichas numa diagonal; mas não são consecutivas.

X lançou os dados e obteve 6 e 2; então, 6 é o divisor e 2 o resto. Portanto, os dividendos possíveis são 8, 14, 20, 26, 32, 38, 44, 50 e 56; dos quais no tabuleiro 14, 26, 38 e 56 estão disponíveis.

X optou pelo 56 e é o vencedor, uma vez que conseguiu, na coluna 4, 32, 11 e 56, que são de quadrículas consecutivas.

Nota: Observar que X usou uma estratégia que lhe dava quatro quadrículas (56, 15, 57 e 30) possíveis para obter a vitória.

B – MATEMÁTICA SUBJACENTE

Uma vez que nesse jogo está envolvida apenas matemática elementar relativa a séries iniciais, julgamos adequado recordarmos um pouco.

Divisão

Chama-se *quociente* de dois números naturais **a** e **b**, nessa ordem, com **a múltiplo de b** e **b** ≠ 0, ao natural **c**, que, multiplicado por, **b** fornece o produto **a**.

A *operação* que ao par ordenado (a; b) de naturais, com **a múltiplo de b** e **b** ≠ 0, faz corresponder o natural **c** igual ao seu quociente é denominada *divisão* (mais adequadamente, divisão exata). Ao praticar essa ação, estamos dividindo **a** por **b**; e o símbolo (ou sinal indicativo) é constituído por dois pontos (:) ou por dois pontos com um pequeno traço horizontal intermediário (em desuso).

Chamamos **a** de *dividendo* e **b** de *divisor*; cujas terminações "endo" e "or", respectivamente, procuram indicar o paciente (o que sofre a ação) e o ator (atuante na ação, o que provoca a ação).

Uma vez que é preciso que o dividendo seja múltiplo do divisor (não nulo), *a divisão não é rigorosamente uma operação*; ela é uma lei de composição interna no conjunto. Fato análogo acontece na subtração. Porém, no ensino fundamental, aceita-se considerar a subtração e a divisão como operações.

Entretanto, no cotidiano existem situações-problema de "repartição" ou simplesmente de "divisão" de uma coleção (ou de um todo homogêneo) em grupos (ou partes) iguais em número (ou medida), sem que o número de elementos da coleção seja múltiplo do número de elementos de cada grupo. É claro que, sendo situações reais, faz-se necessário encontrar soluções, pelo menos satisfatórias. A via empregada para solucionar a situação problemática é conceituar uma *divisão geral* que inclua a divisão exata e possibilite encontrar um quociente que, multiplicado pelo divisor, seja "quase" igual ao dividendo.

Deveremos ter $a = b \times q + r$ com $0 \le r < b$.

Duas situações podem se verificar:

1) Assim, se existir q tal que $a = b \times q + 0$, então q é o quociente (exato), e é satisfeita a dupla desigualdade $0 \le 0 < b$. Dizemos que **r** é *resto*, mais precisamente, *resto nulo*.

2) Porém, se existir q tal que $a > b \times q$ e $a < b \times (q + 1)$, então teremos um r que satisfaz $a = b \times q + r$ com $r \ne 0$, de onde $r = a - b \times q$.

Mas $b \times (q + 1) > a$; segue que $b \times q + b > a$, ou $b > a - b \times q$; portanto, $b > r$, e, de novo, é satisfeita a dupla desigualdade com $0 < r < b$. Chamamos **q** de *quociente* e **r** *resto*.

> **Nota:** Observar que, se **a** não é múltiplo de **b**, então procura-se q, que $b \times q < a$ e $b(q + 1) > a$.

C – GÊNESE

Nesse simples jogo, procuramos reunir o aritmético e o geométrico; porém, nos é evidente que isso não é inédito, principalmente pela regra do objetivo, muito frequente e conhecida como Regra dos Três em Linha.

D – VARIANTES

O foco para jogos semelhantes é, sem dúvida, a troca do objetivo.

Variante 1

RO* – O jogador que primeiro conseguir colocar quatro de suas fichas em quadrículas consecutivas ou não consecutivas, e alinhadas, seja na horizontal, na vertical ou na diagonal, será o vencedor.

Variante 2

RO* – O jogador que primeiro conseguir colocar quatro de suas fichas em quadrículas que são vértices de um quadrado será o vencedor.

Variante 3

RO* – O jogador que primeiro conseguir colocar quatro de suas fichas em quadrículas que são vértices de um retângulo (não quadrado) será o vencedor.

Variante 4

RO* – O jogador que primeiro conseguir colocar quatro de suas fichas em quadrículas que são vértices de um losango (não quadrado) será o vencedor.

Variante 5

RO* – O jogador que primeiro conseguir colocar quatro de suas fichas em quadrículas vértices de um paralelogramo (não losango) será o vencedor.

Variante 6

RO* – O jogador que primeiro conseguir colocar quatro de suas fichas em quadrículas vértices de um trapézio isósceles será o vencedor.

Variante 7

RO* – O jogador que primeiro conseguir colocar quatro de suas fichas em quadrículas que são vértices de um trapézio retângulo será o vencedor.

Variante 8

RO* – O jogador que primeiro conseguir colocar três de suas fichas em quadrículas que são vértices de um triângulo isósceles será o vencedor.

Ilustrações de finais

Variante 1

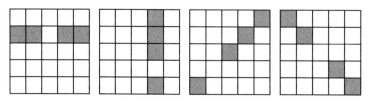

b) Variante 2

c) Variante 3

d) Variante 4

e) Variante 5

f) Variante 6

g) Variante 7

h) Variante 8

*

JOGOS DE BALANÇA

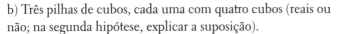

A – INTRODUÇÃO

Usaremos nesses jogos somente balanças com mostrador. Existem jogos de balança com dois pratos, úteis para uma pré-álgebra.

Esses jogos são de bom uso educacional, uma vez que suas resoluções necessitam de estratégias especiais sob uma estratégia-raiz.

B – JOGO PRINCIPAL

Jogadores: Dois (ou duas equipes)

Material:

a) Uma balança com mostrador (real ou não, explicar como funciona) variando de grama em grama, de 1 g até 60 g;

b) Três pilhas de cubos, cada uma com quatro cubos (reais ou não; na segunda hipótese, explicar a suposição).

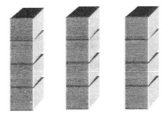

Situação-problema: Duas pilhas possuem os cubos com 10 g cada um, e uma das pilhas possui cubos com 9 g. Deve-se descobrir, supondo usar a balança com mostrador, com uma só pesagem, qual é a pilha com cubos mais leves.

Tempo: Sugerimos o tempo máximo de 15 minutos para a resolução do problema e sua entrega.

Vencedor: O jogador (ou equipe) que primeiro apresentar a solução correta será declarado vencedor(a).

Nota: Não vale adivinhar ("chutar"). A resolução deve ser por escrito.

C – RESOLUÇÃO

Denominamos as pilhas arbitrariamente de pilha A, pilha B e pilha C. Supomos colocar na balança um cubo da pilha A, dois cubos da pilha B e três cubos da pilha C.

Nota: Para facilitar o entendimento, é conveniente empregar pilhas com cubos da mesma cor, por exemplo: pilha azul, pilha vermelha, pilha verde, pilha rosa, etc.

Temos as seguintes três possibilidades:

a) O ponteiro do mostrador apontou 57 g;

b) O ponteiro do mostrador acusou 58 g;

c) O ponteiro do mostrador apontou 59 g.

Caso tenhamos a), então a pilha que chamamos de C é a que possui os cubos mais leves, uma vez que 57 g é obtido com

$$1A + 2B + 3C = 1 \times 10 + 2 \times 10 + 3 \times 9 = 57$$

Na possibilidade b), a pilha que chamamos de B é a que tem os cubos mais leves, pois 58 g obtém-se com

$$1A + 2B + 3C = 1 \times 10 + 2 \times 9 + 3 \times 10 = 58$$

Na situação c), a pilha com cubos mais leves é a pilha A, uma vez que

$$1A + 2B + 3C = 1 \times 9 + 2 \times 10 + 3 \times 10 = 59$$

Comentário

Há possibilidade de acontecer o seguinte fato: nenhum dos jogadores (ou equipes) conseguiu resolver satisfatoriamente o problema. Sugerimos ao professor que apresente a resolução pela estratégia.

Proponha a outra dupla de jogadores (ou outra equipe) que resolva o mesmo problema empregando uma nova estratégia. Essa estratégia deve ter a mesma raiz (forma, aspecto, tipo, etc.)

Empregar dois cubos da pilha A, três cubos da pilha B e os quatro cubos da pilha C.

A resolução fornece:

a) Se o mostrador indicar 86, então a pilha mais leve será a C;

b) Se o mostrador acusar 87, então a pilha mais leve será a B;

c) Se o mostrador apontar 88, então a pilha mais leve será a A.

Um "papinho amistoso": Após resolverem, "brinque" com seus alunos que eles se esqueceram de considerar que o mostrador mostra apenas até 60 g, e que com essa estratégia seria preciso, por exemplo, uma balança com indicação de pesagem até 90 g.

D – VARIANTES

Variante 1

Problema de uma só pesagem, porém com quatro pilhas de cinco cubos.

Sabe-se que três pilhas possuem só cubos de 9 g e que uma pilha tem só cubos de 10 g. O mostrador varia de 1 g em 1 g de 1 até 60 g. Os jogadores devem descobrir a pilha com cubos só de 10 g.

Tentativa de estratégia de resolução

Denominar arbitrariamente as pilhas A, B, C e D. Usar um cubo da pilha A, dois da pilha B, três da pilha C e quatro da pilha D.

Possibilidades

a) A pilha A é a que teria só cubos de 10 g

$$1 \times 10 + 2 \times 9 + 3 \times 9 + 4 \times 9 = 10 + 18 + 27 + 36 = 91$$

Impossível de ser detectado no mostrador, pois $91 > 60$.

b) A pilha B é a que teria só cubos de 10 g

$$1 \times 9 + 2 \times 10 + 3 \times 9 + 4 \times 9 = 9 + 20 + 27 + 36 = 92$$

Impossível de ser detectado no mostrador, pois $92 > 60$.

c) A pilha C é a que possuiria só cubos de 10 g

$$1 \times 9 + 2 \times 9 + 3 \times 10 + 4 \times 9 = 93.$$

Impossível de ser detectado no mostrador, pois $93 > 60$.

d) A pilha D é a que possuiria só cubos de 10 g

total = $94 > 60$ (também impossível de ser detectado).

E agora? Empregar outra estratégia?

Uma estratégia adequada

Usar um cubo da pilha A, dois da pilha B, três da pilha C e nenhum da D.

Possibilidades

a) $1 \times 9 + 2 \times 9 + 3 \times 9 = 54$ (possível, é < 60), então a pilha D é a que tem só cubos de 10 g.

b) $\mathbf{1 \times 10} + 2 \times 9 + 3 \times 9 = 55$ (possível, é < 60), então a pilha A possui só cubos de 10 g.

c) $1 \times 9 + \mathbf{2 \times 10} + 3 \times 9 = 56$ (possível, é < 60), então a pilha B possui só cubos de 10 g.

d) $1 \times 9 + 2 \times 9 + \mathbf{3 \times 10} = 57$ (possível, é < 60), então a pilha C possui só cubos de 10 g.

Variante 2

Problema de uma só pesagem, mas com três pilhas de cinco cubos.

Sabe-se que uma pilha tem cubos com 10 g, outra tem cubos de 9 g e outra tem cubos de 8 g. O mostrador da balança varia de grama em grama, de 1 g até 70 g. Deve-se descobrir o peso dos cubos de cada pilha.

Tentativa de estratégia para resolução

Denominar arbitrariamente as pilhas de A, B e C.

Empregar um cubo da pilha A, dois da B e três da C.

Possibilidades

a) O mostrador indica 56 g, o que acontece com $1 \times 8 + 2 \times 9 + 3 \times 10$; portanto, a pilha A seria a de cubos com 8 g, a pilha B seria a de cubos com 9 g e a C seria a de cubos com 10 g;

b) O mostrador aponta 55 g, o que acontece com $1 \times 8 + 2 \times 10 + 3 \times 9$, mas também com $1 \times 9 + 2 \times 8 + 3 \times 10$. Em consequência, é impossível escolher entre:

   1. A pilha A tem os cubos com 8 g, a pilha B tem os cubos com 10 g e a pilha C tem os cubos com 9 g;

   2. A pilha A tem os cubos com 9 g, a pilha B tem os cubos com 8 g e a pilha C tem os cubos com 10 g.

c) Mesmo fato se verifica para 53 g, em que temos, de novo, duas possibilidades, tornando impossível definir qual é a verdadeira:

   1. A pilha A tem os cubos com 9 g, a pilha B tem os cubos com 10 g e a pilha C tem os cubos com 8 g;

   2. A pilha A tem os cubos com 10 g, a pilha B tem os cubos com 8 g e a pilha C tem os cubos com 9 g.

d) O mostrador aponta 52 g, que corresponde a cubos com 10 g para pilha A, 9 g para pilha B e 8 g para pilha C.

Resulta que a estratégia tem falhas nas situações de 55 g e 53 g.

Uma estratégia adequada

Empregar um cubo da pilha A, dois da pilha B e quatro da pilha C.

Possibilidades

a) Se o ponteiro do mostrador indicar 60 g, então a pilha A é de cubos com 10 g, a B é a de cubos com 9 g e a C é a de cubos com 8 g.

De fato, $1 \times 10 + 2 \times 9 + 4 \times 8 = 60$.

b) Se indicar 61 g, então a pilha A é de cubos com 9 g, a B é a de cubos com 10 g e a C é a de cubos com 8 g. De fato, $1 \times 9 + 2 \times 10 + 4 \times 8 = 61$.

Analogamente o leitor encontrará como são os cubos de cada pilha para indicações de 62 g, 64 g, 65 g e 66 g.

E – GÊNESE

Situações-problema de pesagem com balanças são antigas e podem ser encontradas isoladas em um ou outro livro, ou até em revistas de curiosidades e de "passatempo", contudo não podemos definir sua gênese. Temos criado algumas situações procurando metodizar a resolução, principalmente em relação às estratégias.

*

JOGOS DE SOMA MÁGICA

A – JOGO PRINCIPAL: QUINZE MÁGICO

Jogadores: Dois (ou dois times ou grupos), A e B.
Material:

a) Um tabuleiro quadriculado 3 × 3;

b) Dois conjuntos de nove peças quadradas, de mesma medida (ou um pouco menores) que as quadrículas, numeradas de 1 a 9.

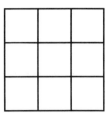

Nota: As peças podem ser de madeira de baixa espessura, de cartolina ou de papel-cartão.

A.1 – REGRAS

A.1.1 – Regras de Desenvolvimento

RD1 – Disputa-se no tradicional par ou ímpar quem começa (A);

RD2 – O jogo é desenvolvido alternadamente pelos dois competidores.

A.1.2 – Regras dos Movimentos

RM1 – Um competidor coloca uma peça numerada em qualquer quadrícula, ainda não ocupada, que lhe convenha;

RM2 – O competidor que completar três peças alinhadas com soma 15, ou em linha horizontal, vertical ou diagonal do tabuleiro, será declarado vencedor.

Nota: Ainda que remota, há possibilidade de empate, quando nenhum competidor conseguir soma 15.

Ilustração 1

A inicia com 3 em 2 × 1.
B responde com 4 em 3 × 2.

A coloca 7 em 1 × 3.
B coloca 5 em 3 × 3.
A, então, usa 6 em 3 × 1.

Comentário

B, assim, tenta impedir que A vença, somando 15 na coluna 3, colocando 3 em 2 × 3, pois o 3 já foi utilizado.

Mas... "comeu barriga"!

Segue que A é o vencedor com o 6 em 3 × 1.

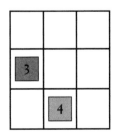
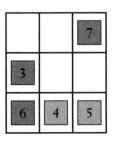

Ilustração 2

A sai com 4 em 2 × 2.
B responde com 7 em 2 × 3.
A usa 1 em 3 × 3.

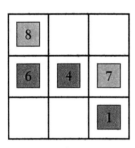

Comentário 1

A sabe que, dessa maneira, B não obtém 15 nem na diagonal (precisaria do 10), nem em coluna (já usou o 7), nem na horizontal (precisaria de outro 4).

B coloca 8 em 1× 1.
A usa 6 em 2× 1.

B coloca 3 em 3 × 1.
A usa 5 em 3 × 2.

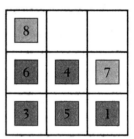

Comentário 2

Com a opção do 8, então B passa a A a iniciativa de algum ataque. Aliás, com essa conduta poderia usar alternativamente com o 8: 2, 3, 5, 6 e 9. A, com o 6, impede B de vencer na coluna 1, pois seria preciso usar outro 1.

Comentário 3

B, ao colocar o 3 em 3 × 1, impede A de vencer em diagonal, uma vez que o oponente teria de usar outro 8, e também na horizontal 3, pois A precisaria da existência da peça 11. A, por sua vez, ao colocar o 5, força o empate do jogo.

Notar que se A colocasse o 2 (ou 9) em 3 × 2, então B seria vencedor com o 9 (ou o 2).

Existe alguma estratégia?
Qual é a matemática subjacente?

A resposta é *sim*. Vejamos

Estratégia óbvia

O primeiro jogador (A) coloca o 5 no centro, quadrícula 2 × 2. Para uma peça X colocada por B em qualquer quadrícula, A vencerá colocando na quadrícula oposta, da mesma fila, a peça numerada 10 - X.

De fato, nessa fila teremos a soma 5 + X + (10 - X) = 15.

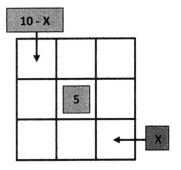

Observações

a) O jogador **A** domina as oito outras quadrículas, daí chamá-las de *domínio de* A;

b) O número **5** atua como *número-chave* e é o termo do meio da sucessão numérica 1 2 3 4 **5** 6 7 8 9;

c) O 15 (Soma Mágica) é igual à soma total T = 45 dos termos da sucessão dividida por 3 (número de linhas ou de colunas).

> **Nota**: Sendo a sucessão uma progressão aritmética (PA), assunto do ensino médio, os alunos poderão calcular o total facilmente, sem usar a adição termo a termo.

Comentário: Verifica-se que **A** vence sempre no seu segundo lance; portanto, realmente não haverá jogo. É conveniente, no entanto, após alguns alunos descobrirem essa estratégia, que o professor dialogue com os estudantes, conduzindo-os a estabelecer mais uma regra:

RM3 – É proibido iniciar colocando a peça 5 na quadrícula central.

E novas estratégias?

Uma vez que, pela RM3, o 5 não pode iniciar no centro, então vejamos o que acontece se ele for colocado em outra quadrícula.

a) 5 em canto (canto 1 × 1 na figura)

Verifica-se que agora o domínio de A é constituído de seis quadrículas.

B não deve colocar peça em nenhuma delas.

Segue que B tem apenas duas quadrículas para usar.

Caso coloque a peça X numa delas, A colocará a peça numerada 10 - X na outra. Dessa maneira, A força B a utilizar alguma quadrícula do seu domínio e será o vencedor.

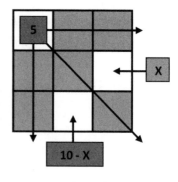

b) 5 em quadrícula intermediária da lateral (2 × 1 na figura)

Nessa situação, o domínio de A é de quatro quadrículas. Caso B coloque a peça X em outra, então A deve colocar a peça 10 - X na sua oposta. Sobram duas quadrículas para B usar; colocando Y numa delas, então A deve pôr na oposta a peça 10 - Y, obrigando B a empregar uma quadrícula do domínio de A. Portanto A vencerá.

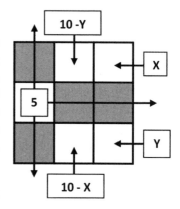

Observação: É interessante observar que o 5 continua exercendo a função de número-chave.

B – GÊNESE

Não temos informação de existência do Quinze Mágico anterior ao nosso pequeno livro *Aprendendo com padrões mágicos* (SBEM-SP, 2000), no qual o incluímos às páginas 151 a 153. A ideia básica de sua criação foi o desejo de introduzir um jogo pedagógico, a dois jogadores, baseado no Quadrado Mágico Ordinário 3 × 3, ao constatarmos a existência de exatamente oito somas 15 de três parcelas obtidas entre os nove termos da sucessão numérica: 1, 2, 3, 4, 5, 6, 7, 8, 9. O leitor poderá encontrá-las facilmente. Verifica-se que oito são justamente as filas do quadriculado 3 × 3: três horizontais, três colunas e duas diagonais. Já aí se percebe a necessidade de o 5 ocupar a posição central, uma vez que esse número aparece em quatro dessas filas.

Porém, não podemos afirmar que nosso joguinho era inédito. Lembramos sempre das sábias palavras de B. Castrucci (professor titular da USP, já falecido): "Só podemos garantir originalidade de nossos erros; e talvez nem desses, pois alguém já os pode ter cometido".

Entretanto, em 2008, numa tentativa de nos aproximarmos da originalidade, inserimos variantes do jogo Quinze Mágico com idênticas estrutura e estratégias, mas com sucessões diferentes.

C – VARIANTES

Antes de oferecermos novos jogos de Soma Mágica, procuramos simplificar para a prática da descoberta da Soma Mágica e dos elementos matemáticos subjacentes.

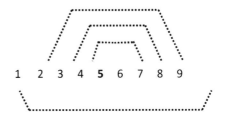

Apoiamo-nos ainda na sucessão numérica do Quinze Mágico.

Explorando

1. A soma dos termos extremos é 10;
2. As somas de termos equidistantes dos extremos são iguais a 10;
3. Portanto, temos 4 valores 10, ou 40;
4. Uma vez que temos 40 mais o 5 (o central), a soma de todos os termos é 45;
5. A Soma Mágica é 15, logo, é igual a 45 : 3, analogamente ao que se faz na construção do Quadrado Mágico 3 × 3;
6. O número-chave é o central 5;
7. Cada par de equidistantes dos extremos são os números X e 10 - X que correspondem na estratégia.

Variante 1: Novo Quinze Mágico

Sucessão   2 1 1 1 1 1 1 2

Soma dos extremos = 10 (igual à soma de termos equidistantes dos extremos);
0 2 3 4 **5** 6 7 8 10

Termo central = 5;
Soma de todos termos = 4 × 10 + 5 = 45;
Soma Mágica = 45 : 3 = 15. As estratégias são as mesmas com o número-chave 5.

  Nota: Observar a simetria das diferenças de termos consecutivos da sucessão.

Variante 2: Jogo 45 Mágico

Sucessão   2 2 4 2 2 4 2 2

Soma dos extremos = 30 (igual à soma de termos equidistantes dos extremos);
5 7 9 13 **15** 17 21 23 25

Termo central = 15;

Soma de todos termos = 4 × 30 + 15 = 135;

Soma Mágica = 135 : 3 = 45. As estratégias são as mesmas com o número-chave 15.

> **Nota:** Observar as diferenças. Elas nos conduzem a inferir que a existência da simetria das diferenças de termos consecutivos é condição para a analogia desses jogos.

Variante 3: Jogo 36 Mágico

Sucessão

Soma dos extremos = 24 (igual à soma de termos equidistantes dos extremos face à simetria das diferenças);

3 2 1 2 2 1 2 3
4 7 9 10 **12** 14 15 17 20

Termo central = 12;

Soma de todos termos = 4 × 24 + 12 = 108;

Soma Mágica = 108 : 3 = 36. As estratégias são as mesmas com o número-chave 12.

Variante 4: Jogo 33 Mágico

Sucessão

Soma dos extremos = 22 (igual à soma de termos equidistantes dos extremos, uma vez que existe simetria das diferenças);

1 1 5 1 1 5 1 1
3 4 5 10 **11** 12 17 18 19

Termo central = 11;

Soma de todos termos = 4 × 22 + 11 = 99.

Soma Mágica = 99 : 3 = 33. As estratégias são as mesmas com o número-chave 11.

Variante 5: Jogo 27 Mágico

Sucessão

Soma dos extremos = 18 (igual à soma de termos equidistantes dos extremos em função da existência de simetria das diferenças);

4 2 1 1 1 1 2 4
1 5 7 8 **9** 10 11 13 17

Termo central = 9;

Soma de todos os termos = 4 × 18 + 9 = 81.

Soma mágica = 81 : 3 = 27. As estratégias são as mesmas com o número-chave 9.

Variante 6: Sucessão em progressão aritmética (própria para o ensino médio)

Todas as progressões aritméticas (PA) possuem simetria das diferenças, uma vez que todas são iguais à razão, portanto tudo é análogo.

Exemplo: Primeiro termo $a_1 = 5$ e razão $r = 3$

5   8   11   14   **17**   20   23   26   29

Soma de todos os termos = $n \times (a_1 + a_n) : 2 = 9 \times (5 + 29) : 2 = 153$

Soma Mágica = $153 : 3 = 51$. As estratégias são as mesmas com o número-chave 17.

> *Nova exploração:* Qual a relação existente, em todas variantes, entre o *número-chave* e a *Soma Mágica*?

Ao descobrir a relação, o educando não precisará mais calcular a soma total, e você, professor(a), poderá sugerir que os próprios alunos deem o nome ao jogo; mas é bom praticar antes de levar esses jogos para a sala de aula para que sua gestão da classe seja maravilhosa.

*

JOGOS DE CONEXÃO COM SABOR TOPOLÓGICO

A – JOGO PRINCIPAL

Jogadores: Dois (ou duas equipes, X e Y)
Material: Papel e N pontos no papel (preferência N ≤ 5)

A.1 – REGRAS

A.1.1 – Regras de Desenvolvimento

RD1 – Disputa-se no usual par ou ímpar qual jogador inicia (X);

RD2 – O jogo é desenvolvido alternadamente pelos dois jogadores.

A.1.2 – Regras das Conexões

RC1 – São fixados N pontos (chamados de "nós") na folha de papel;

RC2 – Nós distintos podem ser conectados por um *arco* com extremos nesses nós, e é necessário acrescentar um nó intermediário pertencente ao arco;

RC3 – Um nó pode ser conectado a ele próprio por um *arco-laçada*; mas acrescenta-se um nó intermediário pertencente à laçada.

A.1.3 – Regras de Proibição

RP1 – Os arcos não podem se cruzar;

RP2 – O máximo de arcos em qualquer nó é três; entendendo-se que uma laçada em um nó deve ser computada como dois arcos.

> *Nota*: O número de arcos em nó é o seu grau; portanto, o grau máximo de qualquer nó é três. Nós que atingiram grau três serão chamados de *nós mortos*. Quanto aos nós fixados inicialmente (RC1), dizemos que possuem *três vidas*.

A.1.4 – Regra Final

RF – O jogador que não pode mais construir uma conexão é o perdedor.

> *Nota*: Decorre que o último jogador que efetuou uma conexão é o vencedor.

Ilustração 1: N = 2 (A e B)

X→ arco AB + nó C
Y→ laçada em A + nó D
X→ arco BD + nó E
Y→ arco CE + nó F
X→ arco BF + nó G

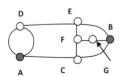

Comentário

Todos os nós estão mortos, com exceção de G com grau dois, porém Y não pode conectá-lo a qualquer outro nó.

Y é o PERDEDOR.

Ilustração 2: N = 2 (A e B)

X → laçada em A (B exterior) + nó C
Y → arco AC (interior) + nó D
X → laçada em B (qualquer) + nó E
Y → arco BE (qualquer) + nó F

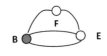

Comentário

Após quatro movimentos, temos quatro nós mortos e dois que possuem ainda uma vida cada um (D e F). Porém não é possível conectá-los sem cruzar arcos. Portanto, X é o perdedor.

Ilustração 3: N = 3 (A, B e C)

X → arco AB + nó D
Y → laçada em C + nó E
X → arco CD + nó F
Y → arco EF + nó G
X → arco BG + nó H
Y → laçada em A (exterior) + nó I
X → arco HI + nó J
Y → arco BJ + nó K

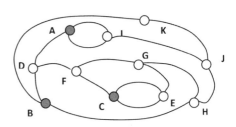

Comentário

Todos os nós estão mortos após o oitavo movimento, com exceção do nó K, que tem grau dois. X não consegue conexão de K com K, então, X é o perdedor.

Ilustração 4: N = 3 (A, B e C)

X → laçada em A (C interior) + nó D
Y → arco CD + nó E
X → arco AE + nó F
Y → arco CF + nó G
X → laçada em B + nó H
Y → arco BH + nó I
X → arco CG + nó J

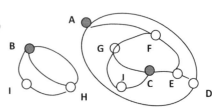

Comentário

Após o sétimo movimento, todos os nós estão mortos, com exceção de I e J, com grau dois cada um; contudo, Y não pode conectá-los, pois são, respectivamente, interior e exterior à laçada em A (RP4). Segue que Y é o perdedor.

Ilustração 5: N = 3 (A, B e C)

X → laçada em A + nó D
Y → laçada em B + nó E
X → laçada em C + nó F
Y → arco AD (B interior) + nó G
X → arco BE (interior da laçada) + nó H
Y → arco CF (interior da laçada) + nó I

> **Comentário**
>
> Após o sexto movimento, temos três nós com grau dois (G, H e I). Mas X é o perdedor!.

B – MATEMÁTICA SUBJACENTE

Explorações

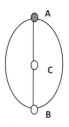

Ao observar as ilustrações, verifica-se que, para dois nós, o número máximo de lances (movimentos) foi cinco, e para três nós foi oito. Para um só nó, é fácil constatar que o jogador que inicia é sempre o perdedor após dois lances (com um único nó vivo C, de grau dois). Da mesma maneira, descobre-se que os mínimos de lances são dois, quatro e seis, respectivamente, para um, dois e três nós iniciais.

Temos a tabelinha que facilita a observação:

N	1	2	3	4	...
Máx-mov	2	5	8	11?	
Mín-mov	2	4	6	8?	

Nas duas linhas (máx-mov e mín-mov), temos três valores em progressão aritmética (PA) com razões 3 e 2. Deles somos impulsionados a realizar as inferências plausíveis para quatro nós: respectivamente, 11 e 8. Vejamos se são credíveis nossas ideias em jogos com quatro nós.

1º jogo: N = 4 nós (A, B, C e D)

X → arco AC + nó 1
Y → arco BD + nó 2
X → arco AB + nó 3
Y → arco AD + nó 4
X → arco 34 + nó 5
Y → arco B1 + nó 6
X → arco CD + nó 7

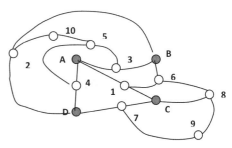

·101·

Y → arco C6 + nó 8
X → arco 78 + nó 9
Y → arco 25 + nó 10

X é o perdedor. Número de movimentos = 10

2º jogo: N = 4 nós (A, B, C e D)

X → laçada em A + nó 1 X → laçada em B + nó 2
X → laçada em C + nó 3 Y → laçada em D + nó 4
X → arco AB + nó 5   Y → arco D5 + nó 6
X → arco C6 + nó 7   Y → arco 34 + nó 8
X → arco 12 + nó 9   Y → arco 89 + nó 10
X → arco 10-7 + nó 11

> **Comentário**
>
> Construa o diagrama conforme os movimentos dados acima. Depois de 11 lances, todos os nós estarão mortos, com exceção do nó 11, que estará com grau dois.

OBA! O segundo jogo é o de mais movimentos; justamente 11, igual ao previsto!

O jogo de menor número de movimentos seria de dez, que encontramos no primeiro jogo, ou seria um de oito, segundo a outra inferência?

É fácil confirmar essa inferência. Basta mostrarmos a sua existência exibindo um jogo com oito movimentos. Nem precisaremos mostrar a existência de algum com nove.

O leitor está lembrado de que o único número de movimentos com um só nó é dois. É suficiente aplicar em cada um dos quatro nós fixados o diagrama, e teremos necessariamente oito movimentos; ainda que haja quatro nós com grau dois, mas não conectáveis.

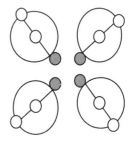

Uma vez que estão confirmados o máx-mov e o mín-mov para quatro nós, a inferência torna-se credível. É claro que poderíamos tentar aumentar sua credibilidade procurando descobrir o máximo e o mínimo para cinco ou seis nós. Essa busca seria muito trabalhosa, mas nunca seria uma prova; então, no ensino-aprendizagem, é usual admitir que é correta. Alguns dos conhecimentos dos educandos poderão ser empregados. Por exemplo, bem elementarmente, bastaria convidá-los a observar cada número de nós e o respectivo máx-mov (ou mín-mov). Vários alunos descobrirão que o máx-mov é uma unidade menor que o triplo do número de nós. No ensino médio, o emprego da fórmula do termo geral (PA) $a_n = a_1 + (n - 1)$ r fornece máx-mov = 2 + (N - 1) 3 = 3N - 1.

Segue que teremos a dupla desigualdade

$$2\,N \leq \text{número de movimentos} \leq 3N - 1$$

Uma prova para máx-mov

De fato, uma vez que cada nó morre quando atinge grau três, eles então possuem três vidas. Em consequência, um jogo de conexões com N nós inicia com 3N vidas. Em cada conexão, perdem-se duas vidas, mas um novo nó surge com uma vida. Em resumo, em cada movimento, o decréscimo de vidas é de uma só vida. É claro que um jogo não pode continuar quando sobra apenas uma vida, pois seriam necessárias pelo menos duas vidas. Portanto, todo jogo terá no máximo 3N - 1 movimentos.

E a prova para mín-mov?

Essa prova, segundo Gardner e Conway, foi dada por Mollison e Conway, com o Fundamental Theorem of Zeroth Order Murbidity (FTOZOM).

C – GÊNESE

O jogo foi introduzido por Michel Stewart Paterson e John Horton Conway; o primeiro, estudante graduado, trabalhando em Cambridge sobre teoria de programação, e o segundo, nascido em Liverpool, Inglaterra, em 1937, na ocasião professor de Matemática em Sidney Sussex College, posteriormente professor em Princeton e Cambridge, autor de mais de uma dezena de livros e cerca de duas centenas de artigos de alto nível.

D – VARIANTE

Supondo eventual dificuldade para a gestão do jogo principal de conexões em algumas séries do ensino fundamental, nós o modificamos, transformando-o num jogo mais simples. Basta retirar, na RC2, a exigência de acréscimo de um novo nó intermediário no arco:

C2˚ – Nós distintos podem ser conectados por arco com extremos nesses nós.

Nota: Porém, a condição de acréscimo de nó deve permanecer na RC3.

Ilustração 1: N = 2 nós (A e B)

X → arco AB
Y → laçada em A (B exterior) + nó C
X → arco BC

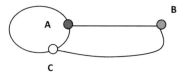

Só B tem grau dois após três movimentos, então Y é o perdedor.

Ilustração 2: N = 2 nós (A e B)

X → arco AB
Y → laçada em A (B interior) + nó C
X → laçada em B + nó D
Y → arco CD

Todos os nós estão mortos após quatro movimentos, então X é o perdedor.

Ilustração 3: N = 3 nós (A, B e C)

X → laçada em A (B interior) + nó D   Y → arco BD
X → laçada em C (A e B interiores) + nó E   Y → laçada em B + nó F
X → arco AF   Y → arco CE

Todos os nós estão mortos após seis movimentos, então X é o perdedor.

Ilustração 4: N = 3 nós (A, B e C) – comparar com Ilustração 3

X → laçada em A (B interior) + nó D
Y → arco BD
X → laçada em C (A e B interiores) + nó E
Y → laçada em B + nó F
X → arco AC

Após o quinto movimento, só E e F estão vivos, mas não há continuação, então Y é o perdedor.

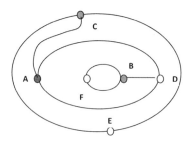

E o máx-mov e mín-mov?

Ao leitor interessado em fórmulas, sugerimos proceder como fizemos (indutivamente). Descobrirá que o máx-mov é dado por 2N. Porém, cuidado: o mín-mov é N + 1 (existe para três nós o mínimo só com quatro arcos).

E – REFERÊNCIAS

BERLEKAMP, E. R.; CONWAY, J. H.; GUY, R. K. *Winning Ways for Your Mathematics Plays.* 2. ed. Massachusetts: A. K. Peters, 2003. v. 3.

BOLT, B. *O prazer da Matemática: atividades matemáticas.* Lisboa: Gradiva, 1991.

Comentário: Nesta obra o jogo é chamado "A rede que cresce" ou "Rebentos".

COOPER, M. Graph Theory and the Game of Sprouts. *American Mathematics Monthly,* n. 100, p. 478- 482, 1993.

GARDNER, M. Mathematical Games: of Sprouts and Brussels Sprouts; Games with a Topological Flavour. *Scientific American,* n. 217, p. 112-115, Jul. 1967.

GARDNER, M. *Mathematical Carnival.* New York: Knopf, 1975.

*

DOMINAÇÃO NÃO TRANSITIVA

A – INTRODUÇÃO À TRANSITIVIDADE

Todos concordarão que, se soubermos que um número **a** é maior que um número **b**, e também que **b** é maior que um número **c**, então poderemos afirmar que **a** é maior que **c** (em qualquer conjunto de números). Uma propriedade das relações dessa forma entre elementos de um conjunto é chamada transitiva; é como se a relação se transmitisse.

Na figura ao lado, representamos o diagrama (ou esquema) característico dessa propriedade para todo elemento a, b e c do conjunto no qual está definida uma relação R. Indica-se por setas dirigidas (retilíneas ou curvas) de x para y, no caso de xRy.

Em diversas situações isso acontece. O leitor facilmente descobrirá transitividade no grupo de relações dado a seguir: "é mais velho que", "é tão alto quanto", "tem a mesma cor que", "está mais perto que", "é divisor de", "é de mesma paridade que" (ou ambos pares ou ambos ímpares), "é do mesmo time de futebol que", etc.

Contudo, não são todas relações transitivas; pense nas seguintes, em que o conjunto no qual a relação é definida tem real importância:

- "não é divisor de" – 2 não é divisor de 7, e 7 não é divisor de 15, então...
  2 não é divisor de 7, e 7 não é divisor de 16, então...
- "é pai de" – João é pai de Luiz, e Luiz é pai de Carlos, então...
- "é amiga de" – Nina é amiga de Naná, e Naná é amiga de Nenê, então...
- "vence" – Bola Cheia vence Bola Murcha, e Bola Murcha vence Perna de Pau, então...

B – JOGO PRINCIPAL: QUAL É O DADO CAMPEÃO ?

Jogadores: Dois (X e outro, pode ser você)

Material: Três dados cúbicos (I, II e III), numerados com algarismos ou com "bolinhas" indicativas em suas faces.

Nota: Damos as planificações para construir os dados com cartolina, mas eles podem ser obtidos com pequenos cubos de madeira de faces pintadas com indicações numéricas.

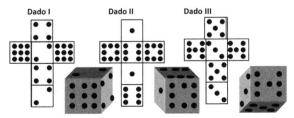

B.1 – REGRAS

B.1.1 – Regras de Desenvolvimento

RD1 – O jogador X escolhe um dado, e depois você (V) escolhe;

RD2 – Combina-se com antecedência o número de lançamentos para cada um. Deve ser no mínimo 50, mas não muito mais, para não enjoarem;

RD3 – Lançam-se os respectivos dados. Recebe um ponto o jogador que obtiver maior número na face superior do dado.

Nota: É conveniente anotar sucessivamente os pontos.

B.1.2 – Regra Final

RF – O jogador cujo dado fornecer maior número de pontos é o vencedor.

Ilustração

Considere-se que tenham sido combinados 50 lançamentos e que X tenha escolhido o dado I, então você V escolhe o dado III.

	Anotação dos pontos	
X	▨▨▨▨⌐	22
V	▨▨▨▨▨⌐	28

Os resultados indicam V como vencedor.

Mas X pede nova chance; V concorda e ainda deixa X escolher seu dado. X escolhe o dado III, e V o II, e será em 60 lançamentos.

V vence de novo!

	Anotação dos pontos	
X	▨▨▨▨▨|	26
V	▨▨▨▨▨▨	34

Porém, o que aconteceu faz com que X peça para jogar com o dado II. É claro que V consente, mas escolhe o I; então, voltam a combinar o jogo em 50 lançamentos cada um.

Concluídos os 50 lançamentos, X, segurando o dado II, observa as anotações e verifica que V, agora com o dado I, venceu novamente, com 29 pontos contra apenas 21. "*Incrível*", diz, "ele(a) venceu com todos os dados, foi o campeão(ã). É *paradoxal*[2]!"

C – MATEMÁTICA SUBJACENTE

Não é bem verdade; V apenas escolheu os dados conforme a escolha de X.

---

[2] O paradoxo pode ser imaginado como algo que aparenta ser verdadeiro mas é falso, ou aparenta ser falso mas é verdadeiro.

A rigor, o dado I domina o dado II, o dado II domina o dado III e o dado III domina o dado I, conforme indicado no *diagrama não transitivo* ao lado.

É fácil averiguar a razão de não existir dado campeão.

Cada dado tem seis faces, portanto teremos, em cada disputa, $6 \times 6 = 36$ confrontos das faces superiores. Façamos as tabelas (de dupla entrada) para as disputas, anotando nos cruzamentos as vitórias dos "dados".

II \ I	2	2	4	4	9	9
1	I	I	I	I	I	I
1	I	I	I	I	I	I
6	II	II	II	II	I	I
6	II	II	II	II	I	I
8	II	II	II	II	I	I
8	II	II	II	II	I	I

III \ II	1	1	6	6	8	8
3	III	III	II	II	II	II
3	III	III	II	II	II	II
5	III	III	II	II	II	II
5	III	III	II	II	II	II
7	III	III	III	III	II	II
7	III	III	III	III	II	II

Dado II → 16 confrontos
Dado I → 20 confrontos

Dado III → 16 confrontos
Dado II → 20 confrontos

Convidamos o leitor a construir a tabela para os dados I e III; encontrará:

I → 16 confrontos.

III → 20 confrontos.

Temos de considerar que nenhuma face dos dados tem qualquer motivo para aparecer mais ou menos vezes que outra; diz-se mesmo que as faces são igualmente esperadas em qualquer lançamento.

Voltemos às disputas entre X e V para tentar esclarecer melhor.

a) Na primeira vez, em 50 lançamentos, o dado I dominou o dado II em 28 confrontos.

Ora, pela tabela dos 36 confrontos, o dado I dominou o dado II em 20. Então deveríamos ter a proporção 20 : 36 : : I : 50, que fornece:

$$I = (50 \times 20) / 36 = 1000 / 36 \approx 27{,}7$$

bastante próximo do 28 realmente alcançado.

b) Na segunda vez, em 60 lançamentos, o dado II dominou o dado III em 34 confrontos; mas, pela tabela, deveriam ser 20 em 36. Portanto, pela proporção 20 : 36 : : II : 60, deveríamos ter II = 1200 / 36 ≈ 33,3, também bastante próximo de 34.

c) Na terceira disputa, temos a proporção 20 : 36 : : III : 50, que daria, novamente, 27,7, próximo do 29 real.

Leitura

Elementarmente, podemos colocar as situações anteriores em termos de probabilidade. A *frequência relativa* que certo acontecimento apresentou no passado fornece uma *estimativa* sobre sua realização no futuro. Mais que isso, se temos elementos (como a tabela de dominação de 36 confrontos igualmente esperados), é então usual *associar* a essa frequência relativa o nome de *probabilidade*.

Dessa maneira, os números 20 e 6 de dominação no total de 36 confrontos constituem não só as frequências relativas $20/36 = 5/9 \approx 0,555...$ e $16/36 = 4/9 \approx 0,444...$, mas a elas associamos probabilidades, e as multiplicamos simplesmente por 100. Assim, exemplificando, teremos probabilidade de I dominar II igual a 55,5%, e de II dominar I igual a 44,4 %, cujas interpretações são dadas em relação a 100.

O próprio diagrama de dominação pode ser enriquecido com indicações de probabilidade com os porcentuais correspondentes.

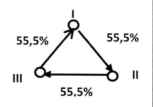

D – GÊNESE

Sabe-se que o primeiro a reconhecer esse paradoxo foi o Marquês de Condorcet em seu ensaio de 1785 sobre análise das decisões dos votantes, conhecido como Paradoxo de Condorcet (ou Efeito Condorcet, na França). De fato, é curioso: se indagados sobre suas preferências, tem-se, por exemplo, que preferem A a B, B a C, mas pode-se ter respostas com preferência de C sobre A, situação de dominação não transitiva.

Sobre a criação do jogo não transitivo, não encontramos qualquer informação, apenas alguns artigos relativos ao tema ou sugerindo outra forma.

E – VARIANTES

Sugerimos algumas variantes de jogos de dominação não transitiva:

Variante 1

Três dados com outras indicações numéricas.
Dado I: **2** 2 6 6 7 7; dado II: **1** 1 5 5 9 9 e dado III: **3** 3 4 4 8 8

> **Nota:** Esses dados, como os dados do jogo principal do texto, são obtidos ou das linhas ou das colunas do quadrado mágico 3 × 3 ordinário.

Variante 2

Três roletas com três indicações numéricas diferentes cada uma, mas iguais às dos dados anteriores.

a)

b)

Variante 3

Quatro dados com colorações ou hachuras nas faces.

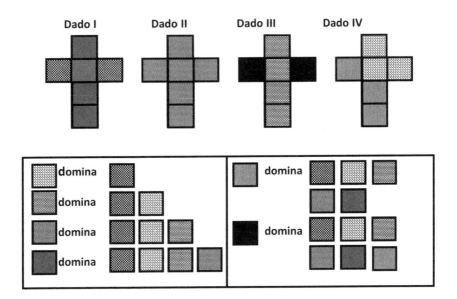

Uma vez que esse jogo é de quatro dados, será preciso construir seis maravilhosos dados para as tabelas!

Contudo, bastarão quatro: I-II, II-III, III-IV e IV-I; todas as 24 dominações contra 12 nessas ordens.

Portanto, possuem as probabilidades 0,666... e 0,333... (ou 66,6% e 33,3%), respectivamente.

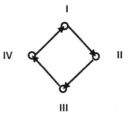

Incríveis dados!

Porém, se construirmos também a tabela III-I, descobriremos 20 dominações contra 16 (ou 55,5% e 44,4%), o que permite, incrivelmente, utilizar só três dados, I, II e III (dominação não transitiva).

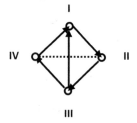

Todavia, não se deve usar os dados II e IV, pois a tabela indicará empate (50% para cada dado).

F – UM PROCEDIMENTO ALTERNATIVO

Vamos aproveitar, agora que já usamos probabilidades, para empregá-las de maneira alternativa; e justamente na disputa dos dados I e III. Em I, temos duas faces de um tipo e quatro de outro, então as probabilidades de aparecerem são 2/6 (ou 1/3) e 4/6 (ou 2/3) nos respectivos estados. Analogamente, são 2/3 e 1/3 nos estados do dado III.

Em seguida, construímos a "árvore de probabilidades",[3] usando como primeiro estágio o dado I, e como segundo estágio o dado III.

Variante 4: jogo com cinco roletas

Cada roleta terá cinco indicações numéricas, cada uma com os números de uma linha horizontal do quadrado mágico 5 × 5.

23	6	19	2	15
10	18	1	14	22
17	5	13	21	9
4	12	25	8	16
11	24	7	20	3

Analisando as dez tabelas de confronto, descobre-se que no contorno do diagrama (circuito pentagonal convexo) temos 56%; e no interior (um estrelado) temos 52% para todas dominações.

A beleza harmônica dessas roletas é dada pelo aspecto do esquema e pela uniforme simetria; e também pelo fato de ser transitivo todo conjunto de três roletas.

> **Nota:** No circuito do contorno, empregamos setas em traço mais grosso, enquanto, no circuito estrelado de cinco pontas, interior, nos valemos de setas com traço mais fino.

Variante 5

Um jogo alternativo é o de roletas com o uso das colunas do quadrado mágico 5 × 5.

---

[3] Ver BARBOSA, R. M. *Combinatória e probabilidades*. São Paulo: GEEM, 1966. (Série Professor, 5).

G – REFERÊNCIAS

GARDNER, M. The Paradox of the Non Transitive Dice and the Elusive Principle of Indifference. *Scientific American*, n. 223, p. 110-114, 1970.

GARDNER, M. On the Paradoxal Situations that Arise from Non Transitive Relations. *Scientific American*, n. 231, p. 120-125, 1974.

SAVAGE, R. P. The Paradox of Nontransitive Dice. *American Mathematical Monthly*, n. 101, p. 429-436, May 1994.

TENNEY, R. L.; FOSTER, C. C. Non Transitive Dominance. *Mathematics Magazine*, n. 49, p. 115-120, 1976.

USISKIN, Z. Max-Min Probabilities in the Voting Paradox. *Annals of Math. Stat*, p. 857-862, 1974.

*

DIAGRAMAS BICROMÁTICOS COM TRIÂNGULOS MONOCROMÁTICOS

A – INTRODUÇÃO

Na construção de um triângulo, dados os seus três vértices e duas cores (bicoloração), podemos, por exemplo, desenhar cada lado com a cor azul (na figura, indicada por traço contínuo) ou com a cor vermelha (na figura, indicada por traço interrompido).

Ao primeiro e ao segundo triângulos chamamos de *monocromáticos* (ou só azul ou só vermelho), e aos outros dois denominamos *bicromáticos* (com cores azul e vermelho).

Nesses jogos, são dados N pontos no plano correspondentes aos vértices de um polígono regular (para facilitar, podem ser apenas aproximadamente regulares).

Aos lados e às diagonais do polígono regular (ou aproximadamente regular) chamaremos, indistintamente, de *arestas*.

O número total de arestas de um polígono regular de N vértices é dado pelo número de combinações de N elementos tomadas dois a dois, isto é $C_{N,2} = N(N-1) / 1 \times 2$; assim, por exemplo, no caso de N = 4 (vértices de um quadrado), teremos $C_{4,2} = 4 \times 3 / 1 \times 2 = 6$ arestas.

O polígono (regular) com as arestas azuis ou vermelhas é denominado *diagrama bicromático*.

B – O JOGO

Jogadores: Dois (ou duas equipes) ou mais
Material: papel, canetas esferográficas azul e vermelha, régua.

B.1 – REGRAS

B.1.1 – Regras de Preparação

RP1 – O professor fixa o número N (N = 5 ou N = 6);

RP2 – Os jogadores (ou equipes) deverão marcar no papel N pontos que sejam todos os vértices de um polígono regular (ou aproximadamente regular);

B.1.2 – Regras de Desenvolvimento

RD1 – Cada jogador (ou equipe) deverá construir todas as arestas; porém:

a) Se o número de arestas for par, então o número de arestas azuis é igual ao número de arestas vermelhas;

b) Se o número de arestas for ímpar, então o número de arestas azuis é uma unidade a mais que o número de arestas vermelhas.

RD2 – O professor (ou coordenador) fixará o tempo máximo para o desenvolvimento do jogo.

> *Nota:* Sugerimos o tempo máximo de 15 minutos nos jogos iniciais, até que os alunos estejam familiarizados com as regras; e de dez minutos após a familiarização.

B.1.3 – Regras do Objetivo

RO1 – O professor (ou coordenador) fixará como objetivo o número de triângulos monocromáticos (azuis ou vermelhos) que os jogadores precisam obter no diagrama bicromático;

RO2 – Será vencedor o jogador (ou equipe) que, dentro do tempo fixado, tenha alcançado o objetivo.

> *Nota 1:* É conveniente exigir que o jogador (ou a equipe) denomine os vértices A, B, C..., para que relacione os triângulos monocromáticos no seu papel.
>
> *Nota 2:* A RO2 permite empate, o que acontece se dois ou mais jogadores conseguirem o objetivo e relacionarem os triângulos monocromáticos corretamente.

Exemplo-modelo 1

Seja N = 5 (vértices de um pentágono regular)

Número total de arestas = $C_{5,2}$ = 5 × 4 / 1 × 2 = 10 => 5 azuis e 5 vermelhas

Objetivo fixado: obter um diagrama bicromático com três triângulos monocromáticos.

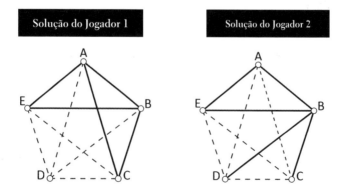

| Triângulos monocromáticos = 3　　Azuis: ABC e ABE　　Vermelho: CDE | Triângulos monocromáticos = 3　　Azul: ABE　　Vermelhos: ACD e CDE |

> Conclusão: empate (sem vencedor)!
> Ambos apresentaram corretamente suas soluções, ainda que diferentes.

Exemplo-modelo 2

Seja N = 6 (vértices de um hexágono regular)

Número total de arestas = $C_{6,2} = 6 \times 5 / 1 \times 2 = 15$ => 8 azuis e 7 vermelhas

Objetivo fixado: obter um diagrama bicromático com três triângulos monocromáticos.

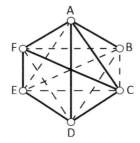

Solução da Equipe 1

Triângulos monocromáticos = 3
Azul: ACD e ACF
Vermelho: BCE

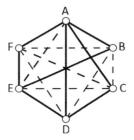

Solução da Equipe 2

Triângulos monocromáticos = 3
Azul: ACD
Vermelho: BCF e BDF

> Conclusão: a equipe 2 é a vencedora!
>
> A equipe 1 afirmou ter construído um diagrama bicromático com três triângulos monocromáticos; porém, na verdade, seu diagrama tem quatro monocromáticos: não observaram a existência do vermelho BDF.

Existe alguma estratégia?

Infelizmente, *não*. Contudo, temos um procedimento para descobrir e conferir os triângulos monocromáticos; consiste em listar todos os triângulos do diagrama na ordem alfabética e anotar os monocromáticos (ver os **a** e **v** da Equipe 1)

ABC ACDᵃ ADE AEF BCD BDE BEF CDE CEF DEF
ABD ACE   ADF   BCEᵛ BDFᵛ   CDF
ABE ACFᵃ   BCF
ABF

em número de $C_{6,3} = 6 \times 5 \times 4 / 1 \times 2 \times 3 = 20$.

No caso de vértices de pentágono regular, temos $C_{5,3} = C_{5,2} = 5 \times 4 / 1 \times 2 = 10$ (ver os **a** e **v** do Jogador 2)

ABCᵃ ACD ADE BCD BDE CDEᵛ
ABD   ACE   BCE
ABEᵃ

C – VARIANTES

As opções de N (5 ou 6) para o professor constituem variantes.

Outras variantes são obtidas com alteração no objetivo, porém fazendo as escolhas conforme as duas pequenas tabelas a seguir, que indicam os objetivos já testados.

Tabela para N = 5		
Triângulos monocromáticos		
Azul	Vermelho	Total
0	0	0
1	0	1
1	1	2

Tabela para N = 6		
Triângulos monocromáticos		
Azul	Vermelho	Total
1	0	1
1	1	2
2	1	2

Utilização das tabelas

Considere-se na tabela para N = 5 o total de zero triângulos monocromáticos. Ele indica que existe um diagrama bicromático pentagonal com cinco arestas azuis e cinco vermelhas, sem triângulo monocromático; portanto, pode ser utilizada essa variante.

Oferecemos, a seguir, três diagramas sem triângulos monocromáticos:

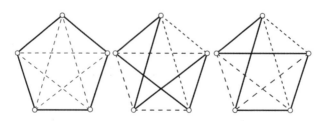

Exploração

Para N = 6, teríamos um diagrama sem triângulo monocromático?

D – GÊNESE

Os jogos de diagramas bicromáticos com triângulos monocromáticos emergiram em seminário de exploração realizado sobre o seguinte artigo, quando criamos para os diagramas a regra RO2: BARBOSA, R. M. Jogando VI-PER: motivando-se e aprendendo. *Revista de Educação Matemática*, São Paulo, ano 5, n. 3, 1997, p. 19-26.

*

SEGUNDA PARTE

Carolina Innocente Rodrigues
Luciana Aparecida Ferrarezi
Raquel Araium
Ruy Madsen Barbosa

Divertindo-se e aprendendo através de jogos de números com nomes curiosos

CAPÍTULO 5

Carolina Innocente Rodrigues
Luciana Aparecida Ferrarezi
Raquel Araium
Ruy Madsen Barbosa

NOVOS OLHARES SOBRE NOMES CURIOSOS

NOVOS OLHARES SOBRE NOMES CURIOSOS

Ao refazermos os estudos sob "novos olhares", encontramos números que possuem nomes curiosos. Vejamos alguns deles:

Milhões e trilhões Números laterais e diagonais Números dedos Números figurados: triangulares, quadrados, pentagonais e oblongos Número nupcial	Números primos, primos entre si e primos gêmeos Números perfeitos Deficientes e abundantes Números amigáveis Números felizes

Há talvez muitos outros, dependendo de nossos novos olhares.

A – PRIMEIRO GRUPO

Que tal darmos uma espiada de forma diferente?

Ora! Como pode algum número ser chamado "um milhão"? Só se o número faz parte de uma espiga bem grande!

Sobre os números trilhões (ou triliões), poderiam ser de trilhas (caminhos) bem grandes? A rigor, sabemos que um milhão é o número 1.000.000, equivalente a mil milhares, e um trilhão equivale a mil bilhões.

Eta! Laterais? Esses números nos parecem, sob "novos olhares", elementos que se esgueiram ou fogem cautelosamente pelos lados, enquanto os outros vão diretamente, cortando caminho pela diagonal.

Números laterais (ou números lados) e números diagonais são encontrados já em Euclides (Livro X) e em Theon de Smyrna (c. 130 d.C.). Sugerimos a leitura de D. H. Fowler (1990). Coincidentemente, eles aparecem em prova geométrica dos incomensuráveis – lado e diagonal do quadrado, e, portanto, de que $\sqrt{2}$ é irracional. O americano radicado em Natal (Brasil) John Fossa (1997) fez um estudo detalhado e extenso desses números.

Por outro aspecto, é possível mostrar que a razão D/L (Diagonal para Lado) é dada pela fração contínua periódica:

$$D/L = [1, 2, 2, 2, \ldots]$$

Um de nossos companheiros do GEP-J, Ruy Madsen Barbosa (1998, 1999a e 1999b), apresentou estudos relacionados; e em Barbosa (2001) demonstrou a incomensurabilidade entre lado e diagonal menor do hexágono regular, de que segue o equivalente irracional $\sqrt{3}$.

Números dedos? Não se referem a contagem com os dedos, mas sim a cada dedo representando um número. Ver Oystein Ore (1988, p. 7).

Números figurados! Será que existe algum numeral (mesmo com um só algarismo) com aspecto de polígono? Parece que não. Só o zero, se nós o deixarmos mais largo, como uma bolinha, e depois o comprimirmos e girarmos em ângulos retos sucessivamente para obter um quadradinho.

Esses números receberam essa denominação em função da disposição de pequenas marcas (de pontos ou pedrinhas na areia), conforme conta Hygino Hugueros Domingues (1991).

Assim, temos Números triangulares, quadrados e pentagonais, dados, respectivamente, pelas figuras triangulares, quadradas e pentagonais, de uso principalmente de pitagóricos.

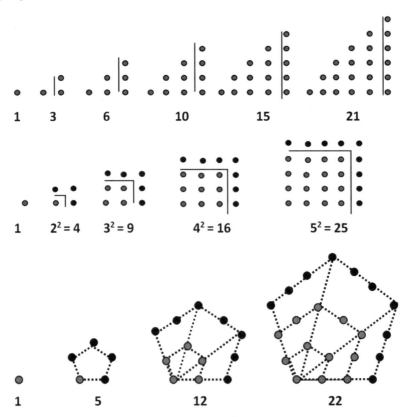

A contagem dos pontos desses três números figurados é facilmente obtida:

a) Números triangulares: T(n) = T(n - 1) + n, pois cada vez ampliamos o triângulo anterior com uma coluna de n pontos; portanto
T(n) = 1 + 2 + 3 +   + (n - 1) + n = **n(n + 1) / 2**, pois temos a PA bem simples, de primeiro termo, igual a 1, e razão também 1.

b) Números quadrados: Obviamente **Q(n) = n^2**
Nas figuras, nota-se a ampliação sucessiva de 2(n - 1) + 1= 2n - 1, que corresponde aos pontos que contornam as laterais direita e superior (em ângulo reto), chamadas pelos gregos de *gnômon*.

c) Números pentagonais: analogamente aos números anteriores, existem vários processos para se obter as contagens; vejamos um deles. As diferenças sucessivas dos números pentagonais formam uma PA de primeiro termo 4 e razão 3; portanto, seus termos a seguir são 10 + 3 = 13, 13 + 3 = 16, etc.; os quais fornecem os pentagonais P(5) = 22 + 13 = 35, P(6) = 35 + 16 = 51, etc.

d) Números oblongos? Seriam números de ombros longos? O nome é esquisito e curioso, mas, como número figurado, até que sua interpretação é muito simples: é a quantidade de pontos na forma de um retângulo no qual o número de filas num sentido tem uma unidade a mais que no outro.

Tudo certinho com os dicionários: *oblongo = alongado*.

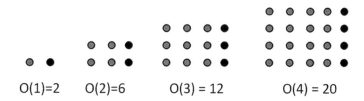

O(1)=2   O(2)=6   O(3) = 12   O(4) = 20

Considerando que um sentido (vertical, em nossas figuras) tem n pontos, então o outro (horizontal) terá n + 1 pontos. Segue que a contagem para o oblongo de ordem n será dada por:

$$O(n) = n(n + 1)$$

Número nupcial?! Na Matemática vai haver núpcias, casamentos, ou chegamos atrasados para a festa? A descrição do número nupcial é encontrada em Platão, no Livro VIII da *República*. Contudo, é obscura, o que levou muitos historiadores e matemáticos a realizarem várias investigações na busca de uma interpretação do que seja o número nupcial para o filósofo grego. Segundo Glenn W. Erickson e John A. Fossa (2001), é um diagrama de um triangulo retângulo de catetos 6000 e 4500 assentado sobre a sua hipotenusa de 7500.

Nota-se que esse triângulo retângulo é dividido em dois pela altura de

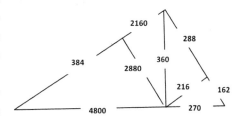

3600. Esses, por sua vez, são, cada um, divididos em dois pelas respectivas alturas em relação às hipotenusas. A terna (4500, 6000, 7500) é derivada da terna pitagórica primitiva fundamental (3, 4, 5).

Identicamente, esse fato acontece para todas as outras ternas, por exemplo, para as ternas (3600, 4800, 6000), (2700, 3600, 4500) e para as ternas dos outros quatro triângulos retângulos. Os autores concebem, para o diagrama, várias interpretações; assim, a "reunião de dois triângulos que resulta num novo triângulo como representando a união do noivo (o maior) com a noiva (o menor), o triângulo resultante da união representa o filho".

Ilustrando, os triângulos de ternas (2880, 3840, 4800) e (2160, 2880, 3600) seriam, respectivamente, noivo e noiva, que forneceriam o filho (3600, 4800, 6000).

B – REFERÊNCIAS

ÁVILA, G. Grandezas incomensuráveis e números irracionais. *Revista do Professor de Matemática,* n. 5, p. 6-11, 1984.

BARBOSA, R. M. *Descobrindo padrões pitagóricos*. São Paulo: Atual, 1993.

BARBOSA, R. M. Uma introdução histórico-pedagógica dos incomensuráveis e irracionais com base em prova direta da incomensurabilidade do lado e diagonal do quadrado. In: Reunião do Grupo Internacional de Estudo sobre Relações entre História e Pedagogia da Matemática, Lorena, 1998.

BARBOSA, R. M. Sobre a incomensurabilidade do lado e diagonal do quadrado Analisada pela antifairesis, em concordância com Theon de Smyrna. In: SEMINÁRIO NACIONAL DE HISTÓRIA DA MATEMÁTICA, 1999, Vitória. *Anais...* Vitória, 1999a. p. 586-600.

BARBOSA, R. M. Sobre a propriedade da alternância de áreas para a prova final da concordância entre Parmênides e Theon. In: SEMINÁRIO NACIONAL DE HISTÓRIA DA MATEMÁTICA, 1999, Vitória. *Anais...* Vitória, 1999b. p. 373-379.

BARBOSA, R. M. Sobre o irracional $\sqrt{3}$ com prova geométrica no hexágono regular e presença de "antifairesis" e "proposição Parmênides". *Interciência*, ano 1, n. 1, 2001.

DOMINGUES, H. H. *Fundamentos de aritmética*. São Paulo: Atual, 1991.

ERICKSON, G. W.; FOSSA, J. *Estudos sobre o número nupcial*. Natal: SBHMat, 2001.

FOSSA, J. Números laterais e diagonais. In: ENCONTRO LUSO-BRASILEIRO DE HISTÓRIA DA MATEMÁTICA, 2.; SEMINÁRIO NACIONAL DE HISTÓRIA DA MATEMÁTICA, 2., Águas de São Pedro, 1997. *Anais...* Águas de São Pedro: SBHMat, 1997. p. 229-246.

FOWLER, D. H. *The Mathematics of Plato's Academy: A New Reconstrution*. New York: Oxford University Press, 1990.

ORE, O. *Number Theory and Its History*. New York: Dover, 1988.

THEON OF SMYRNA. *Mathematics Useful for Understanding Platô*. Translated by R. & D. Lawlor. San Diego: Wizards Bookshelf, 1979.

C – E O SEGUNDO GRUPO?

Números primos! Primos entre si! Primos gêmeos! Nossa, como um primo pode ser número? De acordo com os dicionários, trata-se de uma designação de parentesco, filhos de irmãos (irmão e irmão, irmã e irmã, irmão e irmã). Entre si, a relação só pode ser entre eles! E gêmeos? Piorou. Primos que são gêmeos. Nem vamos esquentar a "cuca" tentando entender.

Números perfeitos! Para ser perfeito, só pode estar acabado e sem defeito. De fato, um número associado a ele é o deficiente, o que tem falha, é falho, imperfeito. Mas outro associado a ele é o abundante, o que existe ou produz em quantidade, abunda.

Números amigáveis! Devem ser os números que têm amizade, são amigos! Seria isso possível para números?

Números felizes! É óbvio que os vemos como afortunados, satisfeitos, prósperos e talvez abençoados. Todavia, poderia ter sentimento algum tipo de número?

ATENÇÃO

Você, leitor, deve ter notado que, para esse segundo grupo de nomes de números, não se verificou qualquer preocupação em conceituá-los sob o ponto de vista da Matemática.

De fato, o GEP-J deixou para fazê-lo numa coletânea de jogos reunidos sob uma ou poucas características em comum.

---

*

CAPÍTULO 6

Carolina Innocente Rodrigues
Luciana Aparecida Ferrarezi
Raquel Araium
Ruy Madsen Barbosa

PROCURANDO NÚMEROS PRIMOS

FALANDO PRIMO

PRIMOS GÊMEOS

NÚMEROS PERFEITOS: DEFICIENTES E ABUNDANTES

NÚMEROS AMIGÁVEIS

PRIMOS ENTRE SI

NÚMEROS FELIZES

PROCURANDO NÚMEROS PRIMOS

A – JOGO PRINCIPAL: CALCULANDO NÚMEROS PRIMOS

Jogadores: Dois, três ou quatro (ou equipes)
Material:

a) Três dados regulares (usuais);[4]

b) Papel e caneta para anotações.

A.1 – REGRAS

A.1.1 – Regras Gerais

RG1 – Combina-se antes do início do jogo o número N de rodadas;

> **Nota:** Entende-se por N rodadas que cada jogador participar N vezes.

RG2 – Cada jogador lança os três dados. A soma das indicações numéricas (em ordem decrescente) das faces superiores dos dados fornece a ordem de participação dos jogadores;

RG3 – O jogo se desenvolve sucessivamente, respeitando a ordem fixada.

A.1.2 – Regras de Desenvolvimento

RD1 – Cada jogador lança os três dados;

RD2 – O jogador procura obter números primos efetuando cálculos com os três números indicados pelos dados e os anota em sua folha de papel;

RD3 – Os cálculos poderão usar adição, subtração, multiplicação, divisão e potenciação, empregando cada um dos três números uma só vez, e também sinais de reunião (parênteses).

A.1.3 – Regras de Atribuição de Pontos

RAP1 – Após o lançamento, para que o jogador receba alguma pontuação, ele precisa entregar suas anotações em até três minutos (podem ser fixados dois ou quatro minutos, caso se julgue mais conveniente);

RAP2 – Para cada cálculo certo (inclusive com boa indicação dos sinais de reunião eventualmente empregados), o jogador recebe um ponto.

> **Nota:** Números primos iguais obtidos por cálculos diferentes são válidos.

---

[4] A soma das indicações numéricas de faces opostas é igual a 7.

A.1.4 – Regras Finais

RF1 – Transcorrido o número fixado de N rodadas para todos os jogadores, é realizada a soma total dos pontos de cada jogador;

RF2 – O jogador que alcançar a maior soma total é o vencedor.

Ilustração

Considerem-se dois jogadores (A e B). Fixou-se o número de três rodadas. Cada jogador lançou os três dados; para A, as faces superiores foram 5, 2 e 4, e para B, foram 1, 6 e 6. Em consequência, a ordem será sempre B e depois A (observe-se que nesse jogo a ordem é irrelevante).

Primeira rodada: B obteve 4, 1 e 2, então anotou (dentro do tempo máximo)
$$4 - 2 + 1 = 3; \qquad 4 - (2 + 1) = 1; \qquad 4 + 2 + 1 = 7; \qquad 4^2 + 1 = 17$$
Pontos de B = 1 + 0 + 1 + 1 = **3**

A obteve 3, 3 e 4, então anotou (dentro do tempo máximo)
$$3 \times 3 - 4 = 5; \qquad (4 - 3) \times 3 = 3; \qquad 3 \times 4 + 3 = 15;$$
Pontos de **A**= 1 + 1 + 0 = **2**

Segunda rodada: B obteve 3, 6 e 2, então anotou (dentro do tempo máximo)
$$(6 - 3) + 2 = 5; \qquad 2^3 - 6 = 2; \qquad 6 - 2 \times 3 = 0; \qquad 6^2 - 3 = 33$$
Pontos de B = 1 + 1 + 0 + 0 = **2**

A conseguiu 4, 3 e 5, então anotou (tempo usado na íntegra)
$$3 \times 5 - 4 = 11; \qquad 5 \times 4 - 3 = 17; \qquad 4^3 - 5 = 59; \qquad (4 - 3) \times 5 = 5$$
$$3 + 4 - 5 = 2; \qquad 3 \times 4 - 5 = 7; \qquad 3 \times 5 + 4 = 19 \qquad 3 + (.......)$$
Pontos de A = 1 + 1 + 1 + 1 + 1 + 1 + 0 (não aceito) = **7**

Terceira rodada: B rolou e obteve 6, 6 e 6, então anotou (dentro do tempo máximo)
$$6 + (6 : 6) = 7; \qquad 6 - 6 : 6 = 5 \qquad (6 + 6) : 6 = 2$$
Pontos de B = 1 + 1 + 1 = **3**

A lançou e obteve 6, 1 e 3, então anotou (dentro do tempo máximo)
$$6 - (1 + 3) = 2; \qquad 6 \times 3 + 1 = 19; \qquad 6 \times 3 - 1 = 17; \qquad 6^1 - 3 = 3$$
Pontos de A = 1 + 1 + 1 + 1 = **4**

Concluídas as três rodadas, temos as somas dos pontos por jogador:
Total de B = 3 + 2 + 3 = **8**
Total de A = 2 + 7 + 4 = **13**

Segue que A é o vencedor.

B – MATEMÁTICA SUBJACENTE

> **ATENÇÃO**
>
> **Um número é primo se e só se possuir apenas dois divisores:
> o *divisor universal e ele próprio*.**
>
> **Todo número primo é ímpar, com exceção do 2; mas nem
> todo ímpar é número primo!**
>
> **O 1 não é considerado número primo, pois tem um só divisor
> (ele próprio). O 15 é ímpar, mas não é primo.**
>
> **O 1 é chamado *divisor universal*, e o 0 é o *múltiplo universal*, já que
> o primeiro é divisor de todos os números, e o segundo é divisível por
> todos os números (exceto ele próprio!).**

Sugerimos ao(à) professor(a) organizar tabelas auxiliares de cálculo de primos para todo conjunto de três números obtidos com os dados. Na ilustração, demos vários cálculos. A seguir, oferecemos de maneira sistemática como obter possibilidades com os três dados:

Dados 1, 1 e 1: $(1 + 1) \times 1 = 2$; $(1 + 1)^1 = 2$; $(1 + 1) : 1 = 2$; $1 + 1 + 1 = 3$

Dados 1, 1 e 2: $(1 + 2) \times 1 = 3$; $2 + 1 - 1 = 2$; $1^2 + 1 = 2$; $(2^1)^1 = 2$;
$(1 + 2) : 1 = 3$; $2^1 + 1 = 3$

Dados 1, 1 e 3: $3^1 - 1 = 2$; $3 + 1 - 1 = 3$; $3 + 1 + 1 = 5$

Dados 1, 1 e 4: $4 - 1 - 1 = 2$; $(4 + 1) \times 1 = 5$; $(4 - 1) \times 1 = 3$; $(4 - 1) : 1 = 3$;
$(4 + 1) : 1 = 5$; $1^4 + 1 = 2$; $4^1 + 1 = 5$; $4^1 - 1 = 3$

Dados 1, 1 e 5: $1 + 1 + 5 = 7$; $5 - 1 - 1 = 3$; $(5^1)^1 = 5$; $1^5 + 1 = 2$

Dados 1, 1 e 6: $6 + 1 \times 1 = 7$; $(6 + 1) \times 1 = 7$; $(6 + 1) : 1 = 7$; $6 - 1 \times 1 = 5$;
$6 - 1^1 = 5$; $6 : (1 + 1) = 3$; $(6 + 1)^1 = 7$; $6^1 + 1 = 7$;
$1^6 + 1 = 2$; $6^1 - 1 = 5$

Dados 1, 2 e 2: $2^{2-1} = 2$; $2 + 2 - 1 = 3$; $2^2 - 1 = 3$; $2^2 + 1 = 5$;
$1 + 2 + 2 = 5$

Dados 1, 2 e 3: $3 \times (2 - 1) = 3$; $2 \times 3 - 1 = 5$; $(2 + 3)^1 = 5$; $2 \times 3 + 1 = 7$;
$2^3 - 1 = 7$

Dados 1, 2 e 4: $4 - 2^1 = 2$; $4 - 1^2 = 3$; $2 + 1^4 = 3$; $4 + 2 - 1 = 5$;
$4 + 1^2 = 5$; $1 + 2 + 4 = 7$; $2^4 + 1 = 17$; $4^2 + 1 = 17$

Dados 1, 2 e 5: $5 - 1 - 2 = 2$; $(5 - 2)^1 = 3$; $(5 + 1) : 2 = 3$; $5 : (2 - 1) = 5$;
$(5 + 2) \times 1 = 7$; $(5 + 2) : 1 = 7$; $5 + 2)^1 = 7$; $5 \times 2 + 1 = 11$;
$2^5 - 1 = 31$

Dados 1, 2 e 6: $6 - 2 - 1 = 3$; $6 - 2 + 1 = 5$; $6 + 2 - 1 = 7$; $6 \times 2 - 1 = 11$;
$6 \times 2 + 1 = 13$; $6^2 + 1 = 37$

e assim sucessivamente, 1, 3 e 3; 1, 3 e 4; 1, 3 e 5... até

Dados 6, 6 e 6: $(6 + 6) : 6 = 2 \quad 6 - 6 : 6 = 5; \; 6 + 6 : 6 = 7$

Uma dúvida: Valeriam cálculos do tipo 66 : 6 = 11? É possível aceitar ou não, conforme a preferência dos alunos. Ao todo, devemos ter 56[5] possibilidades com os dados.

C – GÊNESE

O criador desse jogo nos pediu que não divulgássemos seu nome. Uma vez que não se encontrou qualquer obra que dele cuidasse ou que pelo menos o mencionasse, acredita-se na sua originalidade. Muito mais, tem-se convicção do seu potencial na Educação Matemática brasileira. Já foi experimentado com sucesso muitas vezes.

D – VARIANTES

São possíveis variantes, por exemplo:

Variante 1

Empregar quatro dados, permitindo também o uso de colchetes.

Variante 2

Retirar alguma operação nos cálculos ou então ampliar com radiciação, valendo o uso do 2 no índice do radical se empregar raiz quadrada.

Variante 3

Acrescentar em RAP1 a retirada de meio ponto em anotação com cálculo não correto ou que não forneça número primo.

*

---

[5] Número de combinações do conjunto {1, 2, 3, 4, 5, 6} tomadas 3 a 3 com repetição permitida – dado pelo binomial crescente: $CR_{6,3} = (6 \times 7 \times 8) : (1 \times 2 \times 3) = 56$.

FALANDO PRIMO

A – INTRODUÇÃO

Depois de procurar números primos no jogo anterior, podemos usá-los num joguinho movimentado e vibrante. Seu objetivo educacional é obter a fixação de números primos em ordem crescente, mas brincando.

B – O JOGUINHO

Jogadores: seis
Material: nenhum

B.1 – REGRAS

B.1.1 – Regras de Preparação

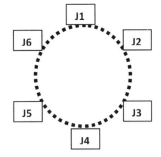

RP1 – Os jogadores colocam-se dispostos, na parte da frente da sala de aula, numa circunferência (imaginária);

RP2 – O professor indica qual jogador dará início e o sentido das falas sucessivas.

B.1.2 – Regras de Desenvolvimento

RD1 – O primeiro jogador fala "um", dando início ao joguinho;

RD2 – Cada jogador, sucessivamente (no sentido fixado), deve falar em voz alta:
   a) O número da sucessão de inteiros (na ordem crescente), se e só se esse número for composto;
   b) "Primo", se e só se o número da sucessão de inteiros (na ordem crescente) for de fato primo;

RD3 – No caso de algum jogador demorar ou errar, ele será eliminado; então o jogador que era o vizinho sucessivo do eliminado deve recomeçar (conforme RD2) falando novamente "um";

Nota 1: Entende-se como "demorar" se ficar calado por um período excessivo ou rindo (sorrir é permitido).

Nota 2: Entende-se como "errar" se falar "primo" quando devia falar o número da vez, e vice-versa; e também se disser um número diferente do que deveria dizer.

Nota 3: Após cada eliminação, os jogadores devem se posicionar mantendo-se na circunferência imaginária, mas ficando razoavelmente equidistantes.

B.1.3 – Regra do Vencedor

RV – Será declarado vencedor o jogador que permanecer até o fim sem ser eliminado.

Ilustração

Observe as figuras nas quais estão anotadas as falas sucessivas até que um dos jogadores foi eliminado. Nas figuras seguintes anotamos o jogo recomeçando.

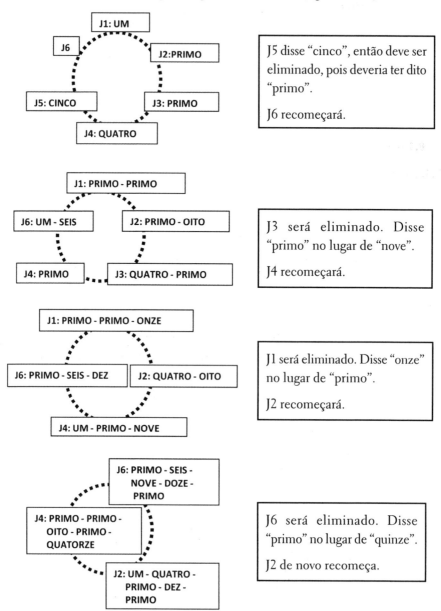

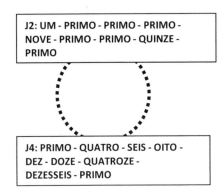

C – GÊNESE

A ideia básica desse jogo nasceu quando um membro do grupo nos contou sobre o antigo Jogo do Sete-Pum, que consistia em se falar os números da sucessão de inteiros, em ordem crescente, e toda vez que o número a ser dito era múltiplo de sete ou tinha no seu numeral o algarismo 7 o jogador deveria dizer "pum". Qualquer erro ou demora eliminava o jogador.

Assim, a sucessão dos inteiros teria por imagem a seguinte fala: um, dois, três, quatro, cinco, seis, PUM, oito, nove, dez, onze, doze, treze, PUM, quinze, dezesseis, PUM, dezoito, dezenove, vinte, PUM, vinte e dois, vinte e três, vinte e quatro, vinte e cinco, vinte e seis, PUM, PUM, vinte e nove, trinta, etc. (Imagine a folia se o jogo chegava aos 70... E pense no que se deveria dizer se o número fosse 77: seria PUM PUM PUM, já que tem 7, tem outro 7 e é múltiplo de 7?)

Suas variantes trocavam "pum" por nomes de cidades, países, frutas, etc., mas com diferentes nomes de cada atributo.

O leitor observará que o nosso joguinho é uma variante do Sete-Pum, mas um pouco mais elaborada.

*

PRIMOS GÊMEOS

A – INTRODUÇÃO

A.1 – CONCEITUAÇÃO

Observando a sucessão dos números primos em ordem crescente, por exemplo, dos menores que 32

$$2, 3, 5, 7, 11, 13, 17, 19, 23, 29 \text{ e } 31,$$

verificam-se as seguintes diferenças de números primos consecutivos:

$$3 - 2 = 1, \mathbf{5 - 3 = 2}, \mathbf{7 - 5 = 2}, 11 - 7 = 4, \mathbf{13 - 11 = 2}, 17 - 13 = 4,$$
$$\mathbf{19 - 17 = 2}, 23 - 19 = 4, 29 - 23 = 6 \text{ e } \mathbf{31 - 29 = 2}.$$

Destas, cinco são iguais a **2**. Este fato nos leva à definição:

Dois números primos são *primos gêmeos* se e só se a sua diferença for igual a **2**.

Ilustrações

Na sucessão de primos, vimos que até o 32 temos cinco duplas de primos gêmeos: (3, 5), (5, 7), (11, 13), (17, 19) e (29, 31).

Caso a sucessão dos primos seja dos menores que 100, teremos mais três duplas de primos gêmeos: (41, 43), (59, 61) e (71, 73).

B – RECONHECENDO NÚMEROS PRIMOS

Em muitas situações-problema, faz-se necessário decidir se um número é ou não primo. É claro que, se os números forem bem pequenos, pela grande frequência de uso memorizamos esses primos. Assim é o caso dos primos 2, 3, 5, 7, 11, 13, 17 e 19.

Para um número fixado um pouco maior, existe o chamado Crivo de Eratóstenes,[6] que os detecta separando todos os primos até um determinado número, por exemplo, até 115. Esse crivo emprega os seguintes procedimentos:

P1 – Escrevemos os números de 2 a 100 (ou até o que desejarmos);

P2 – Eliminamos os números pares (com cruzes) a partir do $4 = 2^2$;

P3 – Eliminamos (com cruzes) os múltiplos de 3 a partir do $9 = 3^2$;

---

[6] Grego (276 a.C.-194 a.C.), natural da Cirenaica, chefe da biblioteca de Alexandria. realizou uma cronologia da história antiga e a medida do meridiano terrestre entre Assuan e Alexandria.

P4 – Eliminamos (com cruzes) os múltiplos de 5 a partir do $25 = 5^2$;

P5 – Eliminamos (com cruzes) os múltiplos de 7 a partir de $49 = 7^2$.

E assim sucessivamente, até que o quadrado de primo seja superior ou igual ao número fixado.

Atenção: Os números que sobraram (em branco) são primos.

Crivo de Eratóstenes até 115

	2	3	4	5	6	7	8	9	10
11	12	13	14	15	16	17	18	19	20
21	22	23	24	25	26	27	28	29	30
31	32	33	34	35	36	37	38	39	40
41	42	43	44	45	46	47	48	49	50
51	52	53	54	55	56	57	58	59	60
61	62	63	64	65	66	67	68	69	70
71	72	73	74	75	76	77	78	79	80
81	82	83	84	85	86	87	88	89	90
91	92	93	94	95	96	97	98	99	100
101	102	103	104	105	106	107	108	109	110
111	112	113	114	115					

Números Primos: 2, 3, 5, 7, 11, 13, 17, 19, 23, 29, 31, 37, 41, 43, 47, 53, 59, 61, 67, 71, 73, 79, 83, 89, 97, 101, 103, 107, 109 e 113.

Nota: Substituímos as cruzes por um tom de cinza.

Entretanto, o leitor observará que, se o número for grande, por exemplo, entre 200 e 300, não seria prático empregarmos o Crivo de Eratóstenes. Nesse caso, utilizamos um processo direto de divisões sobre o próprio número.

Regra de reconhecimento direto de primos

   a) Divide-se o número em investigação sucessivamente pelos números primos, em ordem crescente, até uma divisão exata;

   b) Não acontecendo divisão exata, continuam-se as divisões até que o quociente seja inferior ou igual ao divisor;

   c) Na primeira situação, o número é *composto*, e na segunda, o número é *primo*.

Ilustrações

1) Considere-se o número **611**

Pelos critérios de divisibilidade, sabemos que 611 não é divisível por 2, 3, 5 e 11.

Vejamos por 7 (pulado[7]), efetuando a divisão diretamente.

```
6 1 1 | 7
  51   8 7 > 7
   2
```

Faz-se agora, sucessivamente, a divisão por 13, 17, 19, 23...

```
6 1 1 | 13
  91    4 7
   0
```

Mas já obtivemos divisão exata, então podemos afirmar que 611 é composto.

2) Considere-se o número **557**

Analogamente, não é divisível por 2, 3, 5, 7 e 11

```
557 | 13          557 | 17          557 | 19
 37   4 2 > 13     47   3 2 > 17     117  2 9 > 19
 11   (Cont.)      13   (Cont.)       6   (Cont.)
```

```
557 | 23          557 | 29
 97   2 4 > 23     267  1 9 < 29        => 557 é primo
  5   (Cont.)       6
```

C – O JOGO PRINCIPAL

Jogadores: Dois ou três (ou equipes)
Material:

a) Fichas para investigação – cada uma com três duplas de números selecionados;

b) Folhas de papel para anotações;

c) Canetas esferográficas.

Ficha 1	**Ficha 2**	**Ficha 3**
Duplas:	Duplas:	Duplas:
a) (263, 265)	a) (521, 523)	a) (619, 621)
b) (419, 421)	b) (317, 319)	b) (229, 231)
c) (379, 381)	c) (219, 221)	c) (821, 823)

C.1 – REGRAS

C.1.1 – Regras de Preparação

Atenção: Sugerimos a leitura vagarosa das regras para toda a classe, com as explicações julgadas convenientes, e a distribuição de cópias dessas regras.

---

[7] Existe critério de divisibilidade também por 7 mas não é vantajoso para só três algarismos.

RP1 – É importante, em aula anterior, o professor recordar os critérios de divisibilidade por 2, 3, 5 e 11, por meio do Crivo de Eratóstenes, e dar a regra de reconhecimento se um número é ou não primo com pelo menos duas ilustrações;

RP2 – O professor deve introduzir, na aula da realização do jogo, a conceituação de números primos gêmeos.

C.1.2 – Regras de Desenvolvimento

RD1 – O professor fixará o tempo máximo para o desenvolvimento do jogo;

Nota: Sugerimos 30 minutos.

RD2 – Por qualquer processo, deve-se distribuir para cada jogador (ou equipe) uma das três fichas de duplas de números para investigação;

RD3 – O objetivo dos jogadores (ou equipes) é descobrir, para cada dupla de números de sua ficha, se é dupla de números primos gêmeos ou não.

Nota: No caso de não ser dupla de primos gêmeos, é preciso exibir o motivo.

RD4 – Esgotado o tempo fixado, cada jogador (ou equipe) deve entregar a sua folha de anotações.

Nota: É preciso que cada jogador (ou equipe) coloque na folha de anotações todos os seus procedimentos e cálculos.

C.1.3 – Regra do Vencedor

RV – Será declarado vencedor o jogador (ou equipe) que entregar o maior número de respostas certas e corretamente indicadas.

Nota: Eventualmente, havendo empate sob essas condições, sugerimos ao professor apenas rever as folhas de anotações, considerando também o uso correto de língua portuguesa, e, se preciso, usar ordem no trabalho.

D – ALGUMAS RESOLUÇÕES DAS FICHAS

D.1 – FICHA 1

D.1.1 – Primeira dupla: (263, 265)

a) **265** – não é primo, é divisível por 5, então é composto.

b) **263** – usando os critérios de divisibilidade, podemos afirmar que não é divisível por 2, 3, 5 ou 11. Também não é por 7, nem por 13 ou 17.

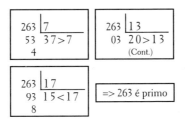

Conclusão: O par (263, 265) não é de primos gêmeos.

D.1.2 – Segunda dupla: (419, 421)

   a) **419** – Não é divisível por 2, 3, 5 ou 11 (pelos critérios). Também não é por 7, 13, 17, 19 ou 23.

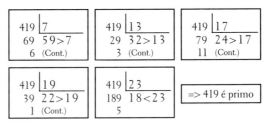

   b) **421** – Não é múltiplo de 2, 3, 5 ou 11 (pelos critérios). Também não é divisível por 7, 13, 17, 19 ou 23.

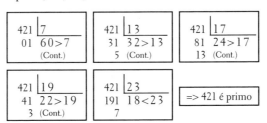

Conclusão: A dupla (419, 421) é de primos gêmeos.

D.1.3 – Terceira dupla: (379, 381)

   a) **379** – Não é divisível por 2, 3, 5 e 11 (pelos critérios).

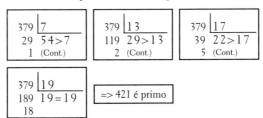

   b) **381** – Uma vez que 3 + 8 + 1 = 12 e 1 + 2 = 3, segue que 381 é múltiplo de 3 e portanto é composto.

Conclusão: O par (379, 381) não é de primos gêmeos.

D.2 – FICHA 2

D.2.1 – Primeira dupla: (521, 523)

Ambos os componentes são primos, e como 523 - 521 = 2, segue que a dupla é de primos gêmeos.

D.2.2 – Segunda dupla: (317, 319)

317 é primo, mas 319 não é primo, é divisível por 11, pois $(9 + 3) - 1 = 12 - 1 = 11$.

Conclusão: A dupla não é de primos gêmeos.

D.2.3 – Terceira dupla: (219, 221)

219 é divisível por 3 (pelo critério), então é composto. 221 é primo.

Conclusão: A dupla não é de primos gêmeos.

D.3 – FICHA 3

Pedimos licença para deixar a cargo do leitor. Dica: a terceira dupla é de primos gêmeos.

E – MÁTEMÁTICA SUBJACENTE

Chama-se número primo a todo número que possui só dois divisores, o 1 e ele próprio; daí não se considerar o 1 como primo, pois ele tem por divisor somente ele próprio. Por outro aspecto, o 1 é denominado divisor universal, pois é divisor de qualquer número. Os números não primos são chamados compostos. O zero é denominado o múltiplo universal.

E.1 – Critérios de divisibilidade

a) Um número é divisível por 2 (par) se e só se o algarismo das unidades for 0, 2, 4, 6 for 8;

b) Um número é múltiplo de 3 (ou 9) se e só se a soma dos números correspondentes aos seus algarismos for múltiplo de 3 (logo, de 9);

c) Um número é divisível por 5 se e só se o algarismo das unidades for 5 ou 0;

d) Um número é múltiplo de 11 se e só se a diferença da soma dos números correspondentes aos algarismos de ordem ímpar (unidade, centena, dezena de milhar, etc.) e soma dos números correspondentes aos algarismos de ordem par (dezenas, unidade de milhar, etc.) for múltiplo de 11.

Nota: Se a primeira soma for menor que a segunda, adiciona-se um múltiplo de 11 suficiente para possibilitar a subtração.

F – GÊNESE

Tomamos contato com primos gêmeos em Sidki (1975), uma obra preparada para o X Colóquio Brasileiro de Matemática, realizado em Poços de Caldas, em julho de 1975, no seu capítulo II, 4-5. Nós, do G-JOMAP, apenas adaptamos o jogo para que pudesse ser desenvolvido em sala de aula. É curioso observar que Said Sidki cita a existência de 1.224 primos gêmeos entre os 9.592 primos menores que 100.000; e, 8.169 entre os 78.498 primos menores que 1.000.000.

G – VARIANTES

Obtêm-se variantes com a substituição das fichas para investigação por outras adrede preparadas. Contudo, aconselhamos que sejam razoavelmente equivalentes para que as investigações sejam equilibradas tanto em trabalho quanto em duplas de primos gêmeos. O que as tornaria mais interessantes seria trocá-las por duplas com números de quatro algarismos; por exemplo, para facilitar a organização, fornecemos ao leitor:

Variante 1: 25 pares de primos gêmeos

(1.031, 1.033), (1.049, 1.051), (1.061, 1.063), (1.151, 1.153), (1.229, 1.231), (1.277, 1.279), (1.289, 1.291), (1.301, 1.303), (1.319, 1.321), (1.427, 1.429), (1.451, 1.453), (1.481, 1.483), (1.487, 1.489), (1.607, 1.609), (1.619, 1.621), (1.667, 1.669), (1.697, 1.699), (1.721, 1.723), (1.787, 1.789), (1.871, 1.873), (1.877, 1.879), (1.931, 1.933), (1.949, 1.951), (1.997, 1.999), (2.027, 2.029).

Variante 2: 15 pares com um primo e outro composto

(1.069, 1.071), (1.117, 1.119), (1.163, 1.165), (1.181, 1.183), (1.237, 1.239), (1.811, 1.813), (1.823, 1.825), (1.901, 1.903), (2.039, 2.041), (2.903, 2.905), (3.109, 3.111), (3.137, 3.139), (3.049, 3.051), (6.521, 6.523), (7.717, 7.719).

H – REFERÊNCIAS

ROSSOTTI, M. A. *Formulário scolastico di matemática elementare*. Milano: Hoepli, 1935.

SIDKI, S. *Introdução à teoria dos números*. Rio de Janeiro: Impa, 1975.

*

NÚMEROS PERFEITOS: DEFICIENTES E ABUNDANTES

A –INTRODUÇÃO

O conceito de número perfeito e seus números relacionados, os números deficientes (ou insuficientes) e os números abundantes, remonta à Antiguidade; eles estão relacionados aos divisores de um número. Vários matemáticos o estudaram, e suas investigações os conduziram a dar valiosas e curiosas contribuições. Hoje, eles permanecem em muitos cursos de Teoria dos Números. Na Educação, podem ser aplicados, mesmo em anos do ensino fundamental, desde que envolvam os procedimentos práticos para determinação dos divisores de um número.

Definição: Um número n é *perfeito* se e só se a soma de seus divisores, excluído o próprio número (divisores próprios), for igual a n.[8]

Indicamos SDP(n) = n

Segue que a soma de todos divisores de n (inclusive n) é igual a 2n; isto é, SD(n) = 2n

Dois tipos de números estão relacionados aos números perfeitos:

a) Um número n é *deficiente* se e só se SD(n) < 2n

b) Um número n é *abundante* se e só se SD(n) > 2n.

Ilustrações:

Ilustração 1: Considere-se n = **496**.
Ao lado, fatoramos em primos $496 = 2^4 \times 31$ e usamos o processo de obtenção dos divisores. Adicionando todos os divisores exceto o próprio 496, obtemos SDP(496) = 496. A outra opção é calcular SD(496) = 992 = 2×496. Qualquer das alternativas implica ser 496 um número perfeito.

		1
496	2	2
248	2	4
124	2	8
62	2	16
31	31	31, 62, 124, 248, 496
1		

Ilustração 2: Considere-se n = **26**
Teremos a fatoração em primos $26 = 2 \times 13$ e os divisores 1, 2, 13 e 26; de onde SD(26) = 42 < 2 × 26; portanto 26 é um número deficiente.

Ilustração 3: Considere-se n = **36**
Teremos $36 = 2^2 \times 3^2$ e os divisores 1, 2, 4, 3, 6, 12, 9, 18 e 36; de onde SD(36) = 91 > 2 × 36, logo 36 é um número abundante.

---

[8] Quando se exclui o próprio número, temos *divisores próprios* (ou *partes alíquotas*, em linguagem arcaica).

B – O JOGO PRINCIPAL

Jogadores ou equipes: qualquer número conveniente ao professor
Material:

a) Três dados;

b) Folhas de papel para anotações (em função do número de jogadores ou equipes);

c) Canetas esferográficas.

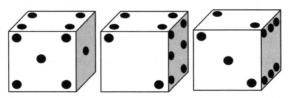

B.1 – REGRAS

Sugestão: Aconselhamos que, antes do jogo, o professor realize explicações, se julgadas adequadas (dependendo do conhecimento dos alunos); porém, necessariamente deve introduzir e exemplificar os conceitos de números perfeitos, deficientes e abundantes. Cremos que a leitura vagarosa das regras seja conveniente.

B.1.1 – Regras de Preparação

RP1 – Cada jogador (ou membro de equipe) sucessivamente lançará os três dados;

RP2 – O produto dos números indicados pelas faces superiores dos dados será o número que estará sob investigação do jogador (ou de sua equipe).

> *Nota:* Caso o produto seja inferior a 40, será necessário repetir o lançamento.

RP3 – É fixado pelo professor o tempo máximo do jogo.

> *Nota:* Sugerimos 15 minutos para os primeiros jogos. Após as primeiras partidas, diminuí-lo.

B.1.2 – Regras de Desenvolvimento

RD1 – O objetivo dos jogadores (ou equipes) é descobrir a classe do número dado pelo produto (perfeito, deficiente ou abundante);

RD2 – Os competidores (jogadores ou equipes) deverão anotar em sua folha de papel qual a classe (perfeito ou deficiente ou abundante) do seu número em investigação;

RD3 – Esgotado o tempo fixado, os jogadores (ou as equipes) devem entregar sua folha de papel mesmo incompleta.

> *Nota:* É permitido aos jogadores (ou equipes) entregarem a sua folha de anotações antes do tempo esgotado.

B.1.3 – Regra do Vencedor

RV- Será declarado vencedor o jogador (ou equipe) que entregar a resposta certa e com a investigação corretamente indicada.

Nota: Em caso de empate sob essas condições, pode ser usado o critério seguinte:

Critério: Vence o jogador (ou equipe) que entregar a resolução antes do(s) oponente(s).

Exemplificação

1) Os dados foram lançados e as faces superiores apresentaram indicações dos números 3, 2 e 5, portanto de produto 30, e em consequência o lançamento deve ser repetido, já que $30 < 40$. No novo lançamento, obtiveram-se os números 2, 6 e 4, de modo que o número a ser investigado é $2 \times 6 \times 4 = 48$. Encontra-se $48 = 2^4 \times 3$; e os seus divisores são 1, 2, 4, 8, 16, 3, 6, 12, 24 e 48; de onde, temos $SD(48) = 124 > 2 \times 48$. Conclusão: 48 é um número abundante.

2) Caso o produto fosse o número 52, o leitor interessado obteria $SD(52) = 98$, então $SD(52) < 2 \times 52$; e concluiria que 52 é um número deficiente.

C – MATEMÁTICA SUBJACENTE

MS1 – Se um número n é tal que $n = a^x \times b^y \times c^z...$ então o número de divisores de n é igual ao produto $(x + 1)(y + 1)(z + 1)....$

Nota: A forma simples dessa fórmula a torna de fácil uso como uma estratégia de verificação dos divisores.

MS2 – Todo número da forma 2×5^r $(r \geq 0)$ é deficiente.

Exemplos: $2 \times 5^1 = 10$; $2 \times 5^2 = 50$, $2 \times 5^3 = 250$.

MS3 – Nenhum número primo é perfeito.

MS4 – Todo primo ou potência de um primo é deficiente.

Exemplo: 13 é deficiente, então $13^4 = 28.561$ é deficiente.

MS5 – Nenhum número quadrado perfeito é um número perfeito.

Exemplos: $2^2 = 4$, $3^2 = 9$, $4^2 = 14$, ... $50^2 = 2.500$, etc.

MS6 – Todo múltiplo de um número perfeito ou abundante é número abundante.

Exemplos: 6 é perfeito, então $5 \times 6 = 30$ é abundante; 30 é abundante, então $3 \times 30 = 90$ é abundante.

MS7 – Se um número $n = a^x \times b^y \times c^z...$, então a soma dos divisores $SD(n) = [(a^{x+1}-1)(b^{y+1}-1)(c^{x+1}-1) / (a-1)(b-1)(c-1)]...$

Exemplo: $n = 200 = 2^3 \times 5^2$ então $SD(200) = (2^4-1)(5^3-1) / (2-1)(5-1) = = 15 \times 124 / 1 \times 4 = 15 \times 31 = 465.$

Conceito: Se um número n é abundante e a soma dos divisores próprios de n for um múltiplo de n, então n é um número perfeito múltiplo.

Exemplo 1: n = 120 é abundante, pois SD(120) = 360 > 2 × 120 e SDP (120) = 240 = 2 × 120; portanto, 120 é 2-perfeito.

Exemplo 2: O número 672 também é 2-perfeito.

> **Nota**: Existem números k-perfeitos com k > 2; daí generalizarmos chamando os números perfeitos de 1-perfeito.

Uma fórmula: O produto $2^p(2^{p+1} - 1)$ é perfeito se e só se o segundo fator for primo.

Exemplo: $2^6(2^{6+1} - 1) = 64 \times 127 = 8.128$ é perfeito, pois 127 é primo.

D – GÊNESE

Considerando existência de mérito educacional nesse jogo de números perfeitos e seus dois associados, números deficientes e números abundantes, sentimo-nos à vontade para divulgar que a sua criação é do GEP-J.

E – VARIANTE

É possível usar quatro dados e modificar a Nota da RP2 para:

> **Nota**: Se o produto for menor que 200, é preciso repetir o lançamento.

F – REFERÊNCIAS

DICSON, L. E. *History of the Theory of Numbers*. Washington D.C.: Carnegie Institution for Science, 1923. 3 v.

DOMINGUES, H. H. *Fundamentos de aritmética*. São Paulo: Atual, 1991.

HARDY, G. H.; WRIGHT, E. M. *An Introduction to the Theory of Numbers*. 3. ed. Oxford: Oxford Clarendon Press, 1954.

ORE, O. *Number Theory and Its History*. New York: Dover, 1988.

SANTOS, J. P. O. *Introdução à teoria dos números*. Rio de Janeiro: Impa, 1998.

SIDKI, S. *Introdução à teoria dos números*. Rio de Janeiro: Impa, 1975.

*

NÚMEROS AMIGÁVEIS

A – INTRODUÇÃO

Nos Jogos de Números Perfeitos, havia a condição de igualdade entre o número chamado perfeito e a soma dos seus divisores (exceto ele próprio). Agora, nesses jogos, trabalhamos com dois números sob uma condição curiosa da definição:

Definição – Dois números A e B são *amigáveis* (ou *amigos*) se e só se tivermos:

a) A igual à soma dos divisores de B (exceto B);

b) B igual à soma dos divisores de A (exceto A).

Segue que um par de números é chamado *amigável* se a soma das "partes alíquotas" de um for igual ao outro, e reciprocamente.

Ilustração:

Considerem-se os números 220 e 284. É fácil descobrir os divisores próprios de cada um:

a) os de **220** são 1, 2, 4, 5, 10, 20, 11, 22, 44, 55 e 110, de **soma 284**;

b) os de **284** são 1, 2, 4, 71 e 142, de **soma 220**.

B – O JOGO PRINCIPAL

Jogadores: Quatro (ou quatro equipes)
Material:

a) Cópias de quatro fichas numéricas, cada uma com duas duplas de números selecionados;

b) Papel para anotações;

c) Canetas esferográficas.

Ficha 1	Ficha 2	Ficha 3	Ficha 4
Duplas:	Duplas:	Duplas:	Duplas:
(10.744, 10.856)	(2.716, 2.244)	(456, 728)	(2.620, 2.924)
(520, 680)	(6.232, 6.368)	(7.480, 8.840)	(1.184, 1.210)

> **Nota:** Consta que o par de amigáveis (1.184, 1.210) foi descoberto em 1886 por um jovem italiano de 16 anos, de nome Nicolo Paganini.

B.1 – REGRAS

B.1.1 – Regras de preparação

Atenção: Sugerimos a leitura vagarosa das regras para toda a classe, com as explicações julgadas convenientes, e a distribuição de cópias dessas regras.

RP1 – É importante, em aula anterior, o professor recordar os critérios de divisibilidade, inclusive por 7, e dar a regra de reconhecimento se um número é ou não primo;

RP2 – O professor deve introduzir, na aula da realização do jogo, o conceito de números amigáveis.

B.1.2 – Regras de Desenvolvimento

RD1 – O professor fixará o tempo máximo para o jogo;

Nota: Sugerimos 30 minutos.

RD2 – Distribuir para cada jogador (ou equipe) uma das quatro fichas;

RD3 – O objetivo dos jogadores (ou equipes) é descobrir, para cada par de números de sua ficha, se são números amigáveis ou não;

RD4 – Esgotado o tempo fixado, cada jogador (ou equipe) deve entregar sua folha de anotações.

Nota: É necessário que cada jogador (ou equipe) coloque na folha de anotações todos os seus procedimentos e cálculos.

B.1.3 – Regra do Vencedor

RV – Será declarado vencedor o jogador (ou a equipe) que entregar sua folha de anotações com respostas certas e corretamente indicadas.

Nota: Se houver empate sob essas condições, sugerimos ao professor apenas rever as folhas de anotações e considerar também os aspectos ordem e uso da língua pátria.

C - ALGUMAS RESOLUÇÕES DAS FICHAS

Usaremos na investigação um dispositivo prático.

C.1 – FICHA 1

C.1.1 – Primeiro par: (10.744, 10.856)

a) Investigação do número 10.744

Fatoração		Divisores próprios				Somas em linha
		1				1
10.744	2	2				2
5.372	2	4				4
2.686	2	8				8
1.343	17	17	34	68	136	255
79	79	79,	158	316,	632	1.185
		1.343,	2.686	5.372	......	9.401
Soma dos divisores próprios = **10.856** **= segundo número do par.**						

b) Investigação do número 10.856

Fatoração		Divisores próprios				Somas em linha
		1				1
10.856	2	2				2
5.428	2	4				4
2.714	2	8				8
1.357	23	23	46	92	184	345
59	59	59,	118	236,	472	885
		1.357,	2.714	5.428	......	9.499
Soma dos divisores próprios = **10.744** **= segundo número do par.**						

Conclusão: Os números são amigáveis.

C.1.2 – Segundo par: (520, 680)

a) Investigação do número 520

Fatoração		Divisores próprios				Somas em linha
		1				1
520	2	2				2
260	2	4				4
130	2	8				8
65	5	5	10	20	40	75
13	13	13,	26	52,	104	195
		65,	130	260	......	455
Soma dos divisores próprios = **740** **= segundo número do par.**						

Conclusão: O par (520, 680) não é de números amigáveis.

Observação: Não é necessário estudar o 680 (segundo número do par), mesmo que seus divisores próprios tenham por soma 520 (primeiro número do par).

C.2 – FICHA 2

C.2.1 – Primeiro par: (2.716, 2.244)

a) Investigação do número 2.716

Fatoração		Divisores próprios			Somas em linha
		1			1
2.716	2	2			2
1.358	2	4			4
679	7	7	14	28	49
97	97	97,	194	398,	679
		679,	1.358	......	2.039
		Soma dos divisores próprios = **2.744** = **segundo número do par.**			

Conclusão: O par não é de números amigáveis.

Observação: Não é preciso estudar o número 2.244.

C.2.2 – Segundo par: (6.232, 6.368)

a) Investigação do número 6.232

Fatoração		Divisores próprios				Somas em linha
		1				1
6.232	2	2				2
3.116	2	4				4
1.558	2	8				8
779	19	19	38	76	152	285
41	41	41,	82	164,	328	615
		779,	1.558	3.116	......	5.459
		Soma dos divisores próprios = **6.368** = **segundo número do par.**				

b) Investigação do número 6.368

Fatoração		Divisores próprios					Somas em linha
		1					1
6.368	2	2					2
3.184	2	4					4
1.592	2	8					8
796	2	16					16
398	2	32					32
199	199	199	398	796	1.592	3.184	6.169
		Soma dos divisores próprios = **6.232** = **segundo número do par.**					

Conclusão: O par (6.232, 6.368) é de números amigáveis.

C.3 – FICHA 3

Deixamos a cargo do leitor a descoberta de que as duplas não são de números amigáveis. Para facilitar, indicamos as fatorações em primos:

$$456 = 2^3, 3 \times 19 \text{ e } 728 = 2^3 \times 7 \times 13$$
$$7.480 = 2^3 \times 5 \times 11 \times 17 \text{ e } 8.420 = 2^3 \times 5.221$$

C.4 – FICHA 4

Pedimos licença aos leitores para deixarmos a seus cargos a descoberta de que os dois pares são de números amigáveis. Para facilitar indicamos as fatorações em primos:

$$2.620 = 2^2 \times 5 \times 131 \text{ e } 2.924 = 2^2 \times 17 \times 43$$
$$1.184 = 2^5 \times 37 \text{ e } 1.210 = 2 \times 5 \times 11^2$$

D – GÊNESE

Esse jogo nasceu da releitura de Hygino Hugueros Domingues (1991) e, posteriormente, de Oystein Ore (1988).

E – REFERÊNCIAS

DOMINGUES, H. H. *Fundamentos de aritmética*. São Paulo: Atual, 1991.

ESCOTT, E. B. Amicable Numbers. *Scripta Mathematics*, n. 12, p. 61-72, 1946.

ORE, O. *Number Theory and Its History*. New York: Dover, 1988.

F – VARIANTE

É suficiente substituir as fichas pelas quatro seguintes:

Ficha 5	Ficha 6	Ficha 7	Ficha 8
Duplas:	Duplas:	Duplas:	Duplas:
(1.240, 1.560)	(67.095, 71.145)	(69.615, 87.633)	(5.020, 5.564)
(5.020, 5.564)	(3.630, 4.280)	(1.184, 1.210)	(2.620, 2.924)

Nota: Repetimos alguns pares para assim não aumentarmos em demasia os seus fatores primos.

*

PRIMOS ENTRE SI

A – INTRODUÇÃO

Para esses jogos, é necessário conceituar e ilustrar os primos entre si.

Definição: Dois números são *primos entre si* se e só se o único divisor comum for o divisor universal (número um).

> **Nota:** Dados dois números **a** e **b** primos entre si, diz-se também que **a** é primo com **b**, e que **b** é primo com **a**.

Sendo o 1 o único divisor comum, resulta da definição que 1 é o máximo divisor comum de dois primos entre si. Indica-se para dois números **a** e **b** que **a** D **b** = 1, e lê-se:

*O máximo divisor comum de **a** e **b** é igual 1.*

Exemplos:

1) Considere-se o par (32, 60)

Conjunto de Divisores de 32 = {1, 2, 4, 8,16, 32}

Conjunto de Divisores de 60 = {1, 2, 3, 4, 5, 6, 10,12,15, 20,30,60}

Conjunto de Divisores Comuns = {1, 2, 4}

Conclusão: 32 e 60 não são primos entre si.

2) Considere-se o par (84, 275)

Conjunto de Divisores de 84 = {1, 2, 3, 4, 6, 7, 12, 14, 21, 28, 42, 84}

Conjunto de Divisores de 275 = {1, 5, 11, 25, 55, 275}

Conjunto de Divisores Comuns = {1}

Conclusão: 84 e 275 são primos entre si.

3) Considere-se o par (23, 31)

Os números 23 e 31 são números primos; portanto, temos o 1 como único divisor comum; de que podemos garantir que são também primos entre si.

B – O JOGO PRINCIPAL

Jogadores: dois ou mais (ou equipes)
Material:

a) Papel;

b) Caneta esferográfica para anotações;

c) Cópias de fichas de pares de números.

Ficha 1	Ficha 2	Ficha 3	Ficha 4	Ficha 5
Duplas:	Duplas:	Duplas:	Duplas:	Duplas:
(104, 153)	(495, 825)	(120, 350)	(234, 385)	(413, 612)
(207, 368)	(183, 765)	(423, 583)	(532, 1.275)	(537, 648)

B.1 – REGRAS

B.1.1 – Regras de Preparação

RP1 – O professor deve explicar aos alunos o que são números primos entre si e exemplificar (preferentemente em dia anterior ao jogo).

RP2 – É conveniente ler as regras vagarosamente ou distribuir cópias.

RP3 – O professor fixará o tempo máximo para cada rodada.

> **Nota:** Sugerimos o tempo máximo de 15 minutos para a primeira rodada e 10 minutos para as demais.

B.1.2 – Regras de Desenvolvimento

RD1 – O professor combinará com os alunos o número de rodadas (três, por exemplo) para o desenvolvimento do jogo;

RD2 – Em cada rodada, o jogador (ou a equipe) recebe uma nova ficha;

RD3 – O objetivo de cada jogador (ou equipe) é descobrir se os números componentes de cada dupla de sua ficha são ou não números primos entre si.

B.1.3 – Regras de Atribuição de Pontos

RAP1 – Em toda rodada estabelecida, cada dupla certa, corretamente calculada e indicada na folha de anotações vale cinco pontos;

> **Nota 1:** No caso de apenas parte dos cálculos e indicações estarem corretamente indicados, o professor atribuirá apenas um ponto.
>
> **Nota 2:** Estratégias são aceitas se também forem indicadas corretamente.

RAP2 – O total de pontos de cada jogador (ou equipe) será dado pela soma dos pontos das rodadas estabelecidas.

B.1.4 – Regra do Vencedor

RV – O jogador (ou equipe) que obtiver maior soma de pontos será declarado vencedor(a).

> **Nota:** Na hipótese de empate, o professor faz uma revisão dos textos e, se precisar, deve considerar também ordem e uso da língua pátria.

C – RESOLUÇÕES DAS DUPLAS DAS FICHAS

C.1 – FICHA 1

a) Dupla (104, 153)

104	2	1 2			153	3	1 3		
52	2	4			51	3	9		
26	2	8			17	17	17 51 153		
13	13	13 26 52 104							

Conjunto de Divisores de 104 = {1, 2, 4, 8, 13, 26, 52, 104}

Conjunto de Divisores de 153 = {1, 3, 9, 17, 51, 153}

Conjunto de Divisores Comuns = {1}

Conclusão: Os números 104 e 153 são primos entre si.

b) Dupla (207, 368)

			368	2	1 2
		1	184	2	4
207	3	3	92	2	8
69	3	9	46	2	16
23	23	23 69 207	23	23	23 46 92 184 368

Conjunto de Divisores de 207 = {1, 3, 9, 23, 69, 207}

Conjunto de Divisores de 368 = {1, 2, 4, 8, 16, 23, 46, 92, 184, 368}

Conjunto de Divisores Comuns = {1}

Conclusão: Os números 207 e 368 são primos entre si.

C.2 – FICHA 2

a) Dupla (495, 825)

Os números da dupla não são primos entre si.

Basta empregar a estratégia de que ambos possuem o divisor comum 5 (ver critério de divisibilidade), diferente de 1 (da definição).

b) Dupla (183, 765)

Os números da dupla não são primos entre si.

De fato, ambos possuem o divisor 3, pois (ver critério por 3):

1 + 8 + 3 = 12 e 1 + 2 = 3; 7 + 6 + 5 = 18 e 1 + 8 = 9 (múltiplo de 3).

C.3 – FICHA 3

a) Dupla (120, 350)

Os números da dupla não são primos entre si.

Ambos são pares, além de serem múltiplos de 5 (ver critérios); segue que possuem divisores diferentes de 1.

a) Dupla (423, 583)

423	3	1 3			583	11	1 11	
141	3	9			53	53	53	583
47	47	47	141	423				
1								

Nota: Para o número 583, observe-se que, na busca dos fatores primos, é claro que é divisível por 11, pois $(3 + 5) - 8 = 8 - 8 = 0$

Observando diretamente no dispositivo os conjuntos dos divisores de cada um (para simplificar o trabalho), descobre-se que o único divisor comum é o 1; portanto, os números 423 e 583 são primos entre si.

C.4 – FICHA 4

a) Dupla (234, 385)

234	2	1 2			385	5	1 5	
117	3	3	6		77	7	7	35
39	3	9	18		11	11	11	55
13	13	13	26		1		77	385
1		39	78					
		117	234					

Conclusão: Os números 234 e 385 são primos entre si, pois o único divisor comum é o 1.

b) Dupla (532, 1275)

532	2	1 2			1.275	3	1 3	
266	2	4			425	5	5	15
133	7	7	14	28	85	5	25	75
19	19	19	38	76	17	17	17	51
1		133	266	532			85	255
							425	1275

Conclusão: Os números 532 e 1.275 são primos entre si.

C.5 – FICHA 5

a) Dupla (413, 612)

Deixamos ao leitor a descoberta de que os números 413 e 612 são primos entre si.

b) Dupla (537, 648)

Da mesma maneira, observe-se que os dois números são divisíveis por 3 (ver critério de divisibilidade por 3); portanto, isso garante que os números 537 e 648 não são primos entre si.

D – MATEMÁTICA SUBJACENTE

Propriedades

P1 – Dois números primos são também primos entre si;

P2 – Dois números consecutivos são primos entre si;

P3 – Se dois números são primos entre si, então seu mínimo múltiplo comum é igual ao seu produto;

P4 – Dividindo-se dois números pelo seu máximo divisor comum, os quocientes serão primos entre si;

P5 – Dois números pares não são primos entre si.

E – VARIANTES

É claro que uma primeira variante, óbvia, seria empregar novas fichas de duplas. Entretanto, o professor poderá optar por um procedimento alternativo; por exemplo, uma variante seria utilizar o Algoritmo de Euclides (das divisões sucessivas) para o cálculo do máximo divisor comum dos dois números, verificando se ele é igual a 1 ou não, o que indicaria, consequentemente, se são primos entre si ou não.

Ilustrações

a) Considerem-se os números 777 e 1.330

	1	1	2	2	7	2	
1.330	777	553	224	105	14		7
777	553	448	210	98	14		
553	224	105	14	7	0		

Conclusão: Uma vez que o máximo divisor comum é $7 \neq 1$, os números não são primos entre si.

b) Considerem-se os números 220 e 351

	1	1	1	2	8	2	1
351	220	131	89	42	5	2	1
220	131	89	84	40	4	2	
131	89	42	5	2	1	0	

Conclusão: Os números são primos entre si, pois o máximo divisor comum é 1.

F – REFERÊNCIAS

BARBOSA. R. M. *Matemática, metodologia e complementos para professores primários*. 4. ed. São Paulo: Nobel, 1968. v. 1.

DOMINGUES, H. H. *Fundamentos de aritmética*. São Paulo: Atual, 1991.

MONTEIRO, A. A.; PAULO, J. S. *Aritmética racional*. Lisboa: Avelar, 1945.

*

NÚMEROS FELIZES

A – INTRODUÇÃO

Nesses jogos, utilizaremos, curiosamente, determinados números que são denominados "números felizes", para os quais se emprega o seguinte conceito:

Definição: Um número é *feliz* se e só se a soma dos quadrados (SQ) dos números de seus algarismos for 1, ou se, iterando-se o processo de soma de quadrados, se obtiver 1 em alguma iteração.

Em particular se o número tiver um só algarismo, faz-se apenas o seu quadrado (mas indicamos ainda com SQ).

Aos números que não são felizes chamamos simplesmente de não felizes (ou infelizes).

Ilustrações

1) O próprio 1 é um número feliz, pois $SQ = 1^2 = 1$;

2) O terceiro feliz, em ordem crescente, é o 13, pois

$SQ1 = 1^2 + 3^2 = 1 + 9 = 10$, então, iterando, $SQ2 = 1^2 + 0^2 = 1 + 0 = 1$;

3) O primeiro número não feliz é o 2, pois

$SQ1 = 2^2 = 4$. Iterando sucessivamente, obtemos

$SQ2 = 4^2 = 16$, $SQ3 = 1^2 + 6^2 = 1 + 36 = 37$,

$SQ4 = 3^2 + 7^2 = 9 + 49 = 58$, $SQ5 = 5^2 + 8^2 = 25 + 64 = 89$,

$SQ6 = 8^2 + 9^2 = 64 + 81 = 145$, $SQ7 = 1^2 + 4^2 + 5^2 = 1 + 16 + 25 = 42$,

$SQ8 = 4^2 + 2^2 = 16 + 4 = 20$ $SQ9 = 2^2 + 0^2 = 4 + 0 = 4$

Não precisamos continuar as iterações, pois voltaremos sempre ao 4. Segue que 2 é não feliz.

A ilustração 3 exibe uma estratégia; ela pode ser empregada para todos os números das iterações (SQ) do 4, mesmo para números com os algarismos em outra ordem.

a) Considere-se o número 13.415

$SQ1 = 1^2 + 3^2 + 4^2 + 1^2 + 5^2 = 1 + 9 + 16 + 1 + 25 = 52$

$SQ2 = 5^2 + 2^2 = 29$

$SQ3 = 2^2 + 9^2 = 85$

$SQ4 = 8^2 + 5^2 = 64 + 25 = 89$

De novo, não é preciso continuar, uma vez que estamos atentos e verificamos que o 89 já apareceu na investigação do 2 (que é não feliz); então, podemos afirmar que 13.415 também é não feliz.

b) Considere-se o número 252 (anotando diretamente os quadrados)

$SQ1 = 4 + 25 + 4 = 33, SQ2 = 9 + 9 = 18$

$SQ3 = 1 + 64 = 65, SQ4 = 36 + 25 = 61$

Novamente, não precisamos continuar, pois, invertendo os algarismos, temos 16, e 16 está presente na iteração do 4.

B – O JOGO PRINCIPAL

Jogadores ou equipes: Dois, três ou quatro;

Material:

a) Cópias de quatro fichas numéricas (em cartolina ou papel-cartão) com dez números selecionados cada uma;

b) Papel;

c) Lápis.

Ficha 1					
8	19	46	73	11	49
167	1.000	53	7.641		

Ficha 2				
9	91	738	45	72
100	3.293	304	44	78

Ficha 3				
40	5.813	94	400	101
32	1.881	50	51	1.884

Ficha 4				
47	4.000	157	125	1.784
10	31	88	93	102

Atenção: É necessário que o professor explique à classe os conceitos de número feliz e número não feliz por meio de alguns poucos exemplos (não das fichas), mas sem qualquer estratégia.

B.1 – REGRAS

B.1.1 – Regras de Preparação

RP1 – Cada jogador (ou equipe) deve receber uma das quatro fichas (elas são desiguais mas de trabalho aproximadamente equivalentes) e folhas de papel para investigação e anotações;

RP2 – O professor fixa o tempo máximo do jogo.

Nota: Sugerimos 20 minutos para os primeiros jogos.

B.1.2 – Regras de Desenvolvimento

RD1 – O objetivo dos jogadores (ou equipes) é descobrir quais são os números felizes e quais são os não felizes de sua ficha;

Nota: Cálculos da investigação devem ser anotados nas respectivas folhas de papel.

RD2 – É permitido empregar uma ou mais estratégias para abreviar o tempo disponível;

Nota: É preferível o professor deixar a cargo dos educandos a descoberta de qualquer estratégia.

RD3 – Os competidores deverão anotar em sua folha de papel se cada número de sua ficha é um número feliz ou não feliz;

Nota: Não vale mero palpite (adivinhação).

RD4 – Esgotado o tempo fixado, os jogadores (ou as equipes) devem entregar sua folha de papel com as indicações convenientes para os números da ficha, mesmo se estiver incompleta.

Nota: É permitido aos jogadores (ou às equipes) entregar sua ficha e sua folha de papel antes de o tempo esgotar.

B.1.3 – Regra do Vencedor

RV – Será declarado vencedor o jogador (ou equipe) que entregar o maior número de respostas certas e com as investigações corretamente indicadas (mesmo quanto ao uso de estratégia, que deve ser claramente explicitada).

Nota: Em caso de empate sob essas condições, devem ser usados os critérios seguintes na ordem dada:

Critério 1 – O jogador (ou a equipe) que empregou mais estratégias;

Critério 2 – O jogador (ou a equipe) que entregou a resolução antes.

C – ALGUMAS RESOLUÇÕES (DA FICHA 1)

Número 8

$SQ1 = 8^2 = 64$

$SQ2 = 6^2 + 4^2 = 36 + 16 = 52$

$SQ3 = 5^2 + 2^2 = 25 + 4 = 29$

$SQ4 = 2^2 + 9^2 = 4 + 81 = 85$

$SQ5 = 8^2 + 5^2 = 64 + 25 = 89$

$SQ6 = 8^2 + 9^2 = 64 + 81 = 145$

$SQ7 = 1^2 + 4^2 + 5^2 = 1 + 16 + 25 = 42$

$SQ8 = 4^2 + 2^2 = 16 + 4 = 20$

$SQ9 = 2^2 + 0^2 = 4 + 0 = 4$

$SQ10 = 4^2 = 16$

$SQ11 = 1^2 + 6^2 = 1 + 36 = 37$

$SQ12 = 3^2 + 7^2 = 9 + 49 = 58$

Não precisamos continuar, pois os algarismos de 58 são os mesmos de 85 (já obtido), e os números vão se repetir. Segue que o número 8 é não feliz.

Número 19

$$SQ1 = 1^2 + 9^2 = 1 + 81 = 82 \qquad SQ3 = 6^2 + 8^2 = 36 + 64 = 100$$
$$SQ2 = 8^2 + 2^2 = 64 + 4 = 68 \qquad SQ4 = 1^2 + 0^2 + 0^2 = 1$$

Então 19 é um número feliz.

Número 46

$SQ1 = 4^2 + 6^2 = 16 + 36 = 52$; já podemos afirmar que 46 é não feliz, pois 52 faz parte, logo no começo, das iterações do 8.

Analogamente, encontra-se que 73, 11, 1000, 53 e 7641 são não felizes, mas 49 e 167 são felizes.

Deixamos a cargo do leitor as explorações das outras fichas.

D – MATEMÁTICA SUBJACENTE

1) O leitor interessado obterá, facilmente, que a sucessão dos números felizes até 100 possui 20 termos: 1, 7, 10, 13, 19, 23, 28, 31, 32, 44, 49, 68, 70, 79, 82, 86, 91, 94, 97 e o próprio 100.

2) Destacamos, nessa sucessão, que dois de seus termos são consecutivos, 31 e 32. Considerando que constituem o menor par de consecutivos felizes, nada mais justo que chamá-los de "casalzinho feliz" (ou "baixinhos felizes"). Uma denominação matemática genérica apropriada seria chamá-los de família feliz. Porém, como existem felizes em maior número de consecutivos, temos chamado família-n-feliz (sendo n o número dos consecutivos felizes); por exemplo, uma família-3-feliz possui consecutivos em número de três felizes.

3) Chama-se *altura* o número de iterações (número de SQ). Assim, o número feliz 75 possui altura 5; e o 86 possui altura 2. Curiosamente, observamos que as alturas dos membros correspondentes de famílias felizes com o mesmo número de elementos possuem as mesmas alturas.

4) Propriedades:

P1 – São números felizes todos os números da forma 10^k com k inteiro 0, 1, 2,.3, ... e altura 1;

P2 – Um número é não feliz se e somente se alguma de suas SQ for igual a 4.

E – VARIANTES

Variante 1: Dois, três e quatro jogadores (ou equipes)

Novas fichas numéricas de dez números, e regras iguais.

Variante 2: Várias equipes

Distribui-se uma só ficha numérica com 30 números selecionados.

Ficha numérica					
704	1.879	8.741	7.839	7.840	706
873	8.738	876	8.742	877	874
703	1.878	1.882	8.740	1.881	705
707	8.739	1.304	7.841	7.842	1.880
875	7.843	1.200	1.203	1.202	1.201

Atenção: Essa variante é apropriada para um jogo com a classe toda dividida em várias equipes, com resolução em grupo. São necessárias algumas explicações aos alunos do que seja uma família-k-feliz (ver Matemática Subjacente, 2).

F – REGRAS GERAIS

Cada equipe deve receber uma cópia da ficha numérica. O objetivo das equipes é descobrir e identificar na ficha a existência de famílias felizes.

> **Nota:** Deverão ser anotadas, em separado, as famílias descobertas e os respectivos tipos.

A equipe vencedora é que descobrir o maior número de famílias felizes certas e corretamente indicadas as investigações.

> **Nota:** Em caso de empate sob essas condições, deve ser usado o seguinte critério de desempate:

Critério de desempate: A equipe que entregou a resolução antes das oponentes será a equipe vencedora.

G – SOLUÇÕES (SEM AS INVESTIGAÇÕES)

1) As sucessões de consecutivos (703, 704, 705, 706, 707), (873, 874, 875, 876, 877) e (1.200, 1.201, 1.202, 1.203) não possuem família feliz, e 1.304 está isolado;

2) A sucessão de consecutivos (1.878, 1.879, 1.880, 1.881, 1.882) contém a família-3-feliz (1.880, 1.881, 1.882);

3) A sucessão de consecutivos (7.839, 7.840, 7.841, 7.842, 7.843) contém a família-4-feliz (7.839, 7.840, 7.841, 7.842);

4) A sucessão de consecutivos (8.738, 8.739, 8.740, 8.741, 8.742) contém a família-4-feliz (8.739, 8.740, 8.741, 8.742).

Lembrete: O interessado observará que uma estratégia preliminar é separar as várias sucessões de consecutivos.

H – GÊNESE

O GEP-J pede licença para informar a satisfação de criar os Jogos de Números Felizes, apenas respaldados numa bibliografia matemática pequena.

I – REFERÊNCIAS

Aspectos matemáticos e computacionais

HONSBERGER, R. *Ingenuity in Mathematics*. 4. ed. Washington: The MAA, 1970.

GRUNDMAN, H. G.; TEMPLE, E. A. Heights of Happy Numbers and Cubic Happy Numbers. *The Fibonacci Quaterly*, v. 41, n. 4, p. 301-306, 2003.

TORRES, D. F. M. Maple. *Educação e Matemática*, n. 77, p. 35-38, 2004.

*

FELIZES

Felizes nos sentimos por entregar este livro aos professores, futuros professores e alunos, e por concluir *Aprendo com jogos* justamente com os jogos de Números Felizes.

GEP-J

*

QUEM SOMOS

GRUPO DE ESTUDO E PESQUISA EM JOGOS (GEP-J)

Carolina Innocente Rodrigues

Licenciada em Matemática pela Universidade Federal de São Carlos; mestranda em Ensino de Ciências e Matemática pela Universidade Federal de Uberlândia (UFU); ex-professora da rede privada de São Carlos/SP; atualmente da rede pública Municipal de Uberlândia/MG. Autora em revistas de Educação Matemática e Psicologia.

Luciana Aparecida Ferrarezi

Licenciada em Matemática pelo Centro Universitário de Araraquara/SP (UNIA-RA); mestre em Educação Matemática pela Universidade Estadual Paulista (IGCE/UNESP- Rio Claro/SP; doutorado em Educação Escolar pela FCL/UNESP/Araraquara. Docente e Diretora da FATEC-Taquaritinga/SP. Diretora responsável da Divisão de Prospecção Tecnológica – agência INOVA Paula Souza/SP. Autora ou coautora de trabalhos de Educação Matemática.

Raquel Araium

Licenciada em Matemática pela Universidade de Sorocaba/SP (UNISO) e Especialista em Educação Matemática pela UNICAMP (Universidade Estadual de Campinas/SP). Aposentada da rede estadual de ensino do Estado de São Paulo. Membro do Grupo de Trabalho e Estudo em Resolução de Problemas (GETERP) do Departamento de Matemática da UNESP – Rio Claro/SP.

Ruy Madsen Barbosa (Coordenador do GEP-J)

Bacharel e Licenciado em Matemática pela Universidade Católica de Campinas (UCC). Ex-professor da rede estadual de ensino do Estado de São Paulo, acumulou dois cargos por dois concursos em primeiro lugar. Doutor em Ciências Matemáticas, Livre docente pela UNESP- Araraquara, Professor Adjunto e Titular pela UNESP- São José do Rio Preto. Autor e Coautor de cerca de três centenas de comunicações e artigos de matemática e de educação matemática, e mais de quatro dezenas de livros e de vários materiais pedagógicos. Orientador de muitos trabalhos de iniciação científica e vários doutorados. Foi um dos fundadores do GEEM/SP, secretário geral da SBEM/SP por três gestões, coordenador de grupos de estudo e pesquisa.

Este livro foi composto com tipografia Electra e impresso
em papel Off Set 75 g/m² na Paulinelli Serviços Gráficos.